AF248053

# RÉPONSE

## AUX CONCLUSIONS DE MM. DE TREIL

ASSIGNÉS DEVANT LE TRIBUNAL DE LA SEINE

COMME USURPATEURS DES TITRES ET NOM DE COMTE ET DE BARON DE PARDAILHAN

BORDEAUX. — IMPRIMERIE CENTRALE DE Vᵉ LANEFRANQUE ET FILS

Rue Permentade, 23-25.

# RÉPONSE

## AUX CONCLUSIONS DE MM. DE TREIL

Assignés devant le Tribunal de la Seine

comme usurpateurs des titres et nom de Comte et Baron de **PARDAILHAN**

## PAR J. NOULENS

Directeur de la Revue d'Aquitaine, pris a partie dans lesdites conclusions
comme ayant outrepassé les droits de la défense.

<table>
<tr><td>A CONDOM (Gers)</td><td>A PARIS</td></tr>
<tr><td>AUX BUREAUX DE LA REVUE D'AQUITAINE</td><td>CABINET DE M. J. NOULENS</td></tr>
<tr><td>BOULEVARD DE GLLE, 6.</td><td>RUE D'ERFURTH, N° 3.</td></tr>
</table>

1868

# RÉPONSE

## AUX CONCLUSIONS DE MM. DE TREIL [1]

ASSIGNÉS DEVANT LE TRIBUNAL DE LA SEINE

comme usurpateurs des titres et nom de Comte et Baron de **PARDAILHAN**

---

## I

### EXPLICATION PRÉLIMINAIRE

Dans un premier Mémoire où j'ai défendu les droits de M. le comte de Pardaillan contre MM. de Treil, de ceux-ci j'ai mérité le courroux en voilant la vérité, en laissant dans l'ombre et le silence les détails fâcheux de leur histoire domestique. Mon œuvre, dans leurs conclusions, présentée comme un libelle, a fourni le prétexte comique d'une demande reconventionnelle de dommages et intérêts. Je viens, en mon nom seul, et sans avoir consulté M. le comte de Pardaillan, dont la cause est ici tout à fait indépendante de la mienne, répondre à cette étrange accusation. Puisque MM. de Treil n'ont pas voulu comprendre ma réserve, je vais la faire ressortir.

(1) Je consens, par excès de courtoisie, à maintenir la particule devant leur nom, bien qu'il soit facile de prouver qu'elle n'existe pas dans la plupart des actes qui vont être invoqués tout à l'heure.

en leur montrant à demi les armes laissées dans le four-
reau avec une intention généreuse. Ils ont méconnu, je
le répète, ma discrétion relative, car ils savaient très bien
que je n'ai point fait ce que je pouvais faire en recourant
aux sources de l'État-civil, aux minutes de notaires, au
Mémoire publié, vers la moitié du dernier siècle, par
De Pujol, *rapporteur;* Taverne, *avocat;* Guillot, *procureur,* contre Joseph Treil, leur grand-père ou leur
bisaïeul, en faveur de Gabriel Moustelon, médecin de
Saint-Pons. Dans cet in-4° imprimé, de 338 pages, on
exposait en plein soleil la plébéienne origine, pour ne
pas dire plus, des Treil, (aujourd'hui pseudo-comtes et
barons) qui, jusqu'en 1750, se proclament invariablement
marchands et bourgeois dans tous leurs actes. Avant
1700, ils étaient beaucoup moins. Si je parle ainsi de
leur famille, ce n'est point parce qu'elle est ultra-rotu-
rière, mais bien parce qu'ils la renient. A mes yeux, le
tenancier comme Antoine Treil, ensemençant la glèbe
de M. le vicomte de Thezan (1) et concourant à la vie
humaine, vaut bien le guerrier portant haut son casque
et glorieux d'avoir fait, avant l'heure, l'office de la mort.
Aucun préjugé vaniteux n'inspire les revendications que
j'ai soutenues ailleurs; nous avons combattu la fraude du
nom et des titres dans l'intérêt de l'identité des familles,
du droit inaliénable et imprescriptible d'une propriété
précieuse entre toutes, celle du nom.

MM. de Treil reconnaîtront un peu tard qu'au lieu de

---

(1) *Compoix de la commune d'Olargues,* dressé le 15 juillet 1694, folio 23,
recto. — Extrait de la *Brevette* du registre des changements de la commune
d'Olargues (Hérault), folio 10, verso. — Expéditions en due forme, délivrées par la mairie d'Olargues, le 19 octobre 1868, et légalisées par le juge
de paix. La copie de ces extraits trouvera sa place plus bas.

sévir contre eux, je les ai ménagés. Les preuves de leur roture avaient été recueillies à poignées, et rien n'a été révélé. Bien mieux, pour pallier leur humble origine, je m'étais tenu le plus souvent dans des négations générales, au lieu d'articuler les faits particuliers dont la divulgation pouvait être désobligeante. Pour les réduire à l'abandon du nom et des titres d'autrui, j'ai appelé simplement à mon secours des juristes, des censeurs, des moralistes, des historiens tels que Loyseau, Chassenée, Montaigne, La Bruyère, Montesquieu, etc., présumant que les maximes de ces grands esprits suffiraient pour mettre en poussière l'inanité des qualifications appréhendées par les de Treil. Leur aveuglement volontaire ou involontaire persista sous l'influence du dépit : au lieu de me laisser à l'écart, ils m'attaquent dans leurs conclusions, et, simulant un rôle de victimes, ils osent déclarer que je leur ai prodigué les outrages et porté grave atteinte. Eh bien! que les conséquences de leur fausse tactique retombent sur leur vanité. Ils vont pouvoir constater maintenant, à l'aide d'un rapprochement, que, loin de franchir les limites de la défense, jé me suis tenu fort en deçà, et que leurs prédécesseurs auraient été heureux d'être traités de même façon. Ils le furent cent fois plus rigoureusement et subirent les plus terribles accusations sans songer à demander des dommages et intérêts. Je souhaitais éviter de tels ressouvenirs, mais puisque ma consultation en faveur de M. le comte de Pardaillan a été signalée comme diffamatoire, je vais prouver que les jurisconsultes d'autrefois tancèrent Joseph Treil bien plus cruellement que je n'ai tancé ses petits-fils. Quand on aura comparé la liberté de la défense dans le passé à celle exercée par nous, nous serons pleinement justifiés.

Avant de découper quelques passages dans le texte du Mémoire contre Joseph Treil, je crois devoir résumer en quelques mots les faits qui le constituent. Joseph Treil, sous le coup de poursuites entamées par le sieur Gabriel Moustelon, médecin à Saint-Pons, pour cause d'usure et de tentative d'assassinat (1), voulut neutraliser l'action entamée contre lui. Dans ce but, il dénonça, en l'année 1741, comme s'étant battus à l'épée sur les bords du ruisseau de Fenouilhède, en 1729, son beau-frère Azaïs aîné, dit Lasondes, demeurant à la Salvetat, et ledit Gabriel Moustelon qui, dans cette rencontre, aurait eu le bras perforé par son adversaire. En vertu des lois de cette époque, le duel entraînait la peine capitale. Azaïs était mort depuis longtemps, lorsque fut révélée à la justice la querelle armée dont il aurait été un des acteurs, mais qui, d'après le *Mémoire,* n'eut jamais lieu. Quoique n'étant plus depuis longtemps, Azaïs fut condamné à être exécuté en effigie. Pour que Joseph Treil sacrifiât ainsi l'honneur de ses alliés, il fallait que l'action intentée contre lui eût un grand caractère de gravité. Par sa récrimination, il livrait son ennemi, Gabriel Moustelon, aux rigueurs du Parlement et se délivrait d'une situation critique. Pour arriver à ses fins, Joseph Treil suborna, toujours d'après le susdit *Mémoire,* des faux témoins qui confirmèrent son dire. C'est dans le dessein de déjouer ces manœuvres, que Gabriel Moustelon fit rédiger le factum dont nous allons reproduire quelques fragments, pour donner une idée du droit de défense qu'on avait autrefois, et que MM. de Treil nous contestent aujourd'hui.

(1) A coups de fusil pendant la nuit et pour cause aussi d'un second projet d'assassinat.

*Extraits du Mémoire pour Moustelon contre Joseph Treil, etc., signé par de Pujol, rapporteur; Taverne, avocat; Guillot, procureur* (1).

(COPIE LITTÉRALE)

Page 47.

Cet article fait connaître à fond le caractère de Treil : les usures dont il étoit coupable lui étoient personnelles, et, pour les rendre impunies, il rend assassins une foule de gens; il rend faux témoins ses amis et ses créatures; il rend prévaricateurs les officiers de justice; il rend les huissiers faussaires, et, après avoir perdu les uns et les autres, il se met lui-même à l'écart.

Page 30, quatrième alinéa.

François et Augustin Hortala sont habitants du hameau de Trivalle, hameau à deux pas d'Ornac, ainsi que François Hortala (2) en a convenu à la séance du 24 avril, après-midi : il est *neveu de Treil* et beau-frère de Mirabel, marchand droguiste, complice du nouveau projet d'assassinat. Celui-ci étoit à la Trivalle avec Treil, *son oncle*, le jour même de

(1) Le titre de ce *Mémoire* n'est qu'approximatif par la raison que, dans l'exemplaire dont j'ai fait emploi, les premiers feuillets manquent.

(2) A la même famille Hortala, appartenaient les suivants relevés sur les registres ecclésiastiques des communes de Saint-Julien et de Saint-Pons : — GABRIEL HORTALA, fils de Jean Hortala et de Marie Azaïs, enseveli le 17 août 1707 (*Etat-civil de la commune de Sain-Julien, canton d'Olargues, registre de 1700 à 1792).—JOSEPH HORTALA, maître macon, fils d'Étienne et de Françoise Bourdel, baptisé le 24 mars 1724. (*Etat-civil de la commmune de Sain-Pons*, registre de 1672 à 1729). — ELISABETH HORTALA, née de François Hortala, maître menuisier, et d'Elisabeth Barton, le 21 février 1724. (*Même source que ci-dessus.*)

l'information de Colombières. Cet imposteur avait constamment nié ce fait dans sa réponse aux objets et à la séance du 22 août, après-midi, qui roula en entier là-dessus et dans laquelle l'exposant lui exhiba une lettre écrite de la Trivalle par lui, Mirabel, au sieur Sebé, chirurgien, le 14 mai, jour de l'information, et il n'en convint qu'à la séance du 30 août, après-midi.

Page 30, deuxième alinéa.

Villaris est *parent* de Treil; il se qualifie bourgeois, il devoit porter faux témoignage et fournir à Treil d'autres faux témoins. En voilà plus qu'il ne fallait pour l'admettre à la table de celui-ci

Pages 30 et 31.

C'est aussi pour cacher le complot, que François Hortala(1), à la séance du 24 avril 1741, après-midi, répondit que le 14 mai 1740, il ne vit pas Mirabel, son beau-frère; l'imposture est d'autant plus hardie, que l'huissier qui lui donna ce jour-là l'assignation, déclare lui avoir parlé en personne, et par conséquent à la Trivalle.

On commence donc à voir pourquoi Mirabel quitta sa boutique et fit huit lieues pour se rendre à Ornac, le 14 mai, jour de l'information; pourquoi Treil partit de Saint-Pons et se transporta à la Trivalle et à Ornac; pourquoi Maraval et Villaris s'y trouvèrent le même jour; pourquoi, enfin, Maraval dîna, de son propre aveu, avec François Carrière et Jamme notaire. Le complot étoit déjà formé, mais ce jour-là il devoit recevoir sa consommation. Il falloit s'assembler pour s'aboucher, pour s'instruire, pour s'encourager. On comprend bien que Treil, auteur et objet de toutes ces manœuvres, dîna avec Maraval et Villaris, les deux Hortala et Mirabel, et que

(1) On verra plus loin que François Hortala, tisserand, et son beau-frère Louis Mirabel, apothicaire, étaient neveux de Treil.

les autres témoins qui sont tous du hameau d'Ornac, furent régalés chez lui avant de partir pour Colombières.

Quoique la lettre de Mirabel prouve que le 14 mai Treil, *son oncle*, était avec lui à la Trivalle, il n'en faut pas conclure qu'il ne fut pas le même jour à Ornac ; il y étoit en effet.

Page 10.

Il (Moustelon) présente requête, le 13 juillet, pour demander..... qu'ils fussent condamnés ensemble et solidairement en 80,000 livres, pour tenir lieu à l'exposant des dommages et intérêts et en tous les dépens de l'instance.

A l'égard de Treil père, la servante et Jamme, notaire, il demanda que le décret fût aggravé contre eux, attendu les nouvelles charges, et qu'il fût ordonné que, par rapport à Antoine et Alexandre de Treil (1), Constans fils, et les deux Azaïs et Granier, décrétés de prise de corps et défaillants, les recollements vaudraient confrontation.

Le lendemain 14 juillet, Treil et ses complices font agir maître Tinardy.

Treil fut instruit de la teneur de cet arrêt ; il en comprit les conséquences, et il accéléra le jugement de la procédure récriminatoire.

Les juges, forcés de donner leurs signatures, se contentèrent de lever les yeux au ciel; leur silence et leur consternation font assez entendre qu'ils ne signent qu'à regret. Un seul d'entr'eux élève la voix et dit qu'il étoit bien fâcheux qu'il n'y eût point une potence à plusieurs branches, faisant allusion aux auteurs et aux artisans de cette accusation (2).

Page 15.

Jusqu'alors, il n'avait été question que des assassins : les faux témoins, devenus tels pour sauver Treil, furent le trouver

(1) Fils cadet de Joseph Treil.

(2) Il s'agit de Joseph Treil et de ses agents, accusant Moustelon de s'être battu avec Azaïs, à propos d'une dispute dans l'église d'Olargues.

à Ornac, et le menacèrent d'un assassinat s'il ne les faisait entrer dans l'amnistie.

On laissa à l'écart la proposition concernant les objets, mais on persista à demander grâce pour les faux témoins, qui, dans l'embarras où Treil les avaient jetés, alloient tourner contre lui leur fureur et leur désespoir.

## Page 18.

Si ce projet eût réussi, le sieur Moustelon étoit privé des secours de ses parents qui le soulagoient dans le travail des Mémoires que cette grande affaire exigeoit. Livré à lui-même, il eût été à la merci de Treil. La longueur de la persécution l'auroit consumé peu à peu, et il se seroit vu forcé de consentir que Treil, recouvrât l'argent qu'il avoit déposé ; c'est là l'objet que Treil n'a jamais perdu de vue.

## Page 26.

La procédure est récriminatoire.

Ce premier point est facile à établir :

1° Par l'intérêt que Treil et ses complices avoient à arrêter les poursuites de l'exposant ; ils étoient perdus sans ressources, l'unique moyen de salut étoit la procédure récriminatoire ; ils se débarrassoient par là des suites funestes de leur crime.

2° Le choix des témoins prouve la récrimination : Si Treil n'eût dû la mettre à profit, aucun de ses témoins n'auroit déposé sur le prétendu duel, soit par ménagement pour la mémoire d'Azaïs et pour ses enfants, soit par égard pour Azaïs et sa famille ; il s'agissoit, en effet, de condamner la mémoire d'Azaïs et de confisquer ses biens.

Tous ces témoins étoient liés avec Azaïs : Auzias, son oncle, aurait-il déposé contre lui ? et s'il avoit déposé, auroit-il dénié la parenté ? Mirabel et Hortala, *neveus de Treil*, auroient-ils portés ce témoignage contre son beau-frère ?...... leur nom seul, leur amitié, leur parenté, leur liaison d'intérêt et de crime, prouvent que cette procédure est récriminatoire et que elle est l'ouvrage de Treil.

### Page 27.

3° Qui doutera de la récrimination après la lecture des conventions que Treil a si souvent violées.

On oblige d'abord le sieur Moustelon à renoncer à la poursuite des crimes d'usure, de duel, d'assassinat prémédité, de subornation de témoins.

### Page 40, premier alinéa.

Il n'a été fait aucune procédure dans laquelle les complices de Treil ou ses faux témoins n'ayent paru, pour le servir par leurs manœuvres auprès des autres faux témoins. On a vu Jamme, à la tête de dix témoins de Colombières, et François Carrière conduisant le bachelier Maraval au recollement. Lors de la continuation d'information du 2 juin 1740, entre les témoins qui la composent, on trouve Mirabel et S..........., tous deux *neveux de Treil*. Mirabel est de plus, son complice; on y voit aussi Auzias, *oncle de la femme de Treil*, qui a déclaré en mourant qu'il n'avoit déposé contre le sieur Moustelon qu'à la sollicitation de Treil et pour lui faire plaisir. S........... et Auzias se chargèrent de conduire Blanchard, chirurgien cardeur de laine, et Dardé, autre chirurgien tisseran. Mirabel étoit véritablement à Béziers; mais il est bien évident qu'il enchérit sur Jamme et sur François Carrière, puisque ni sa parenté avec Treil, ni la complicité du crime d'assassinat ne l'empêchent point de se ranger au nombre des faux témoins.

### Page 69.

Il ne faut point omettre que Jamme, notaire, Pierre et François Carrière, père et fils, doivent avoir manœuvré plus que les autres assassins; puisqu'à leur égard les conventions portent qu'ils *seront tenus de s'absenter de la ville de Saint-Pons pendant l'espace de deux ans, et que Treil s'engage à les empêcher d'y paroître; et s'ils y paroissent obtenir un ordre contre eux.* Il faut aussi observer que par rapport à Treil et à sa femme (Marie Azaïs), il est dit dans les conventions *qu'ils observeront de ne plus se rencontrer dans les maisons ou autres assemblées où le sieur Moustelon se trouvera, qu'ils n'y entreront pas lorsque le sieur Moustelon y sera, et qu'ils en sortiront lorsqu'il y entrera.*

Page 69, deuxième alinéa.

Pourquoi donc a-t-il (M<sup>e</sup> Tinardy) dissimulé cette altératio n pourquoi a-t-il permis que cet indigne procès fût jugé sur une assignation écrite de la propre main de *Jamme, cousin germain de Treil,* et témoin contre Azaïs? Jamme s'assigna pour ainsi dire lui-même. Il faut avouer que dans toutes les procédures que Treil fait faire à Tinardy, on trouve des manœuvres inouïes.

Page 83, fin du premier alinéa.

Il *est vrai*, disait Tinardy, *que les conventions que j'ai procurées à Treil prouvent la récrimination, et que la procédure est un tissu de faussetés; il est vrai qu'elles établissent que Treil a absolument disposé de mon ministère; il est vrai, enfin, que Treil a enfreint les conventions; mais comme il s'est servi de mon nom pour les violer,* etc.

Page 88, fin du premier alinéa.

Que répondrait-il (Tinardy) au reproche bien simple qu'on peut lui faire, de n'avoir pas fait nommer Treil lui-même pour curateur à la mémoire d'Azaïs. Treil étoit *son beau-frère,* c'est un homme adroit, rusé, artificieux; sa figure, son air auroient pu en imposer aux officiers du sénéchal......... Mais s'il eût pris ce parti si simple et indispensable, dans quel embarras ne jettoit-il pas Treil? Il aurait été bien singulier que Treil, accusateur d'Azaïs, fût devenu son curateur. Cela est néanmoins arrivé. Il est vrai que Treil ne parait pas curateur à son propre nom ; mais n'a-t-il pas fait choisir le nommé Faitis, ce qui revient au même.

Pages 116 et 117.

Cette cause présente deux idées bien frappantes. On voit d'abord les témoins administrés par les complices de Treil ; tous ces témoins ont avec celui-ci des liaisons de sang, d'intérêt ou d'amitié. Qui ne reconnaîtra à ces deux traits que la procédure est récriminatoire ?

Jamme, complice de l'assassinat prémédité, commis en la personne de l'Exposant, après avoir dîné à Ornac avec Maraval, conduit celui-ci et neuf autres faux témoins au lieu de Colombières ; il ne les perd plus de vue. Il les administre au commissaire Pujol. Voici les noms des faux témoins dont Jamme composa cette première information : Maraval, Pierre Lauze, dit Furet, François Hortala, Villaris, George et Jacques Bouirat, Jacques et Joseph Audier, Pierre Lauze, fils de Joseph, et Augustin Hortala ; quelle idée aura-t-on de ces témoins, dès qu'on voit que Jamme, *parent de Treil* et son corrée, est celui qui les produit ?

On a dit ailleurs que le nouveau projet d'assassiner l'Exposant, fut formé dans la maison de Mirabel. Sa femme, *sa mère, sœur de Treil*, et Magdelaine Mirabel, seront punies comme complices. Toute cette coupable famille s'intéressa au succès de la procédure récriminatoire, pour étourdir la procédure d'assassinat. Lorsque les faux témoins ouïs à Colombières se rendirent à Béziers avec tant de précipitation, *François Hortala, gendre de la Mirabel, et neveu de Treil*, s'arrêta chez elle avec cinq ou six autres témoins, pour boire au lieu de Roquebrun. Ce fait est constaté par l'aveu de François Hortala, à la séance du 24 avril après-midi. Il ne nomme pas, à la vérité, les témoins qui étoient avec lui ; mais on sait qu'il étoit de la troupe commandée par Villaris, de même que Pierre-Jean Roger, Pierre Lauze, dit Furet, Joseph Audier et George Bouirat. Ce furent donc ceux-ci que la Mirabel régala.

Page 121, sixième alinéa.

Ces parentés ont formé une chaîne de dix faux témoins : ils tiennent les uns aux autres; on en a gagné un, c'en était assez pour les gagner tous. Le même intérêt les a animés; le sang et l'amitié les ont fait agir. François Hortala', comme on l'a dit si souvent, est *neveu de Treil,* gendre de la Mirabel, et par conséquent beau-frère de Mirabel, témoin; il est encore *cousin germain par alliance* de Joseph S........, autre témoin, et des *fils de Treil*, complices de l'assassinat. Augustin Hortala, son frère, vient d'avouer qu'il était ami de Treil et de la Mirabel. Ces deux frères ne se contentèrent pas de servir Treil par leurs propres faux témoignages, ils lui trouvèrent dans leur propre famille d'autres faux témoins, et des gens propres à lui en procurer un plus grand nombre sans les chercher hors de leurs parents. Ils gagnèrent donc Pierre-Jean Roger et George Bouirat, leur beau-frère. Celui-ci suborna Jacques Audier, son beau-frère, et ce dernier gagna Jacques Bouirat et Joseph Audier, ses parents.

Page 127, deuxième et troisième alinéas.

M. Cabrol, curé d'Argeliers, un des derniers témoins auxiliaires, est le frère de Cabrol aîné, *cordonnier de Saint-Pons, cousin germain de la femme de Treil.* Ce prêtre a d'ailleurs élevé les enfants de celui-ci : il a convenu de son ancienne amitié avec Treil, à la séance du 13 décembre après-midi, et il a bien reconnu que cette procédure était l'ouvrage de ce coupable, puisqu'il lui échappa de dire, dans sa déposition, que son frère étoit cousin germain de la femme de Treil.

On n'a jusqu'ici envisagé les objets contre les témoins que relativement à leurs intimes liaisons avec Treil et ses corrées.

Ce sont des liaisons de sang, d'amitié, de familiarité et d'intérêt. Cette circonstance prouveroit seule le complot et la récrimination qu'on a d'ailleurs démontrés. Or, ne suffit-il pas que ce complot ait été formé pour sauver Treil? Ne suffit-il pas que les témoins qui y sont entrés soient ses parents et ses intimes amis, pour que leurs dépositions, tombent par cet objet général, pris de l'intérêt que les amis et les parents avoient à sauver Treil par leur faux témoignage?

Pages 123 et 129.

Dardé, chirurgien tisseran, et Blanchard, autre chirurgien et cardeur, ont avoué leurs liaisons avec la *Mirabel et la S..... sœurs de Treil.....*

Pierre Massot et S.......... n'ont pris que la qualité de menagers ; Toulza a été dans tous les temps fermier et collecteur. Mirabel est marchand-droguiste, François Hortala (1) n'est que tisseran. Il a cru pourtant être devenu bourgeois, parce que deux de ses frères sont devenus chanoines. Avant cette dernière époque, il n'étoit que tisseran, selon le témoignage que Jacques Bouirat a rendu à la séance du 3 juillet après-midi.

Page 45, troisième alinéa.

Mais M⁰ Carrière n'a pas témoigné moins de zèle pour les intérêts de Treil et de ses complices. Le sieur Moustelon, à la séance du 23 juin après-midi, reprocha à ce prêtre d'avoir tenté de faire enlever, de concert avec Treil et Jamme, notaire, une fille ouïe en témoin dans la procédure de l'Exposant, d'avoir écrit dans cette vue une lettre à *François Treil*(2),

---

(1) Il est dit ailleurs : « François Hortala est neveu de Treil ; son domicile n'est qu'à une lieue de Colombières. » (*Page 54, moitié du second alinéa.*)

(2) Ce François est le fils aîné de Joseph Treil qui figure dans les conclusions de M. Louis-Arthur Treil, comme étant devenu baron de Pardailhan. On ne le soupçonnerait pas à la façon irrévérencieuse dont lui et les siens sont menés dans le Mémoire en question.

*avocat*, de laquelle Jamme chargea le nommé Vialaïs, oncle de cette fille et habitant du hameau de Verdier, paroisse de Mᵉ Carrière. Le sieur Exposant ajouta qu'en conséquence de cette lettre, Vialaïs fut à Béziers pour enlever sa nièce; mais il ne put réussir.

Page 317.

Il est beau d'entendre un assassin *(il s'agit de Joseph Treil,* se plaindre de trahison et de perfidie. Cet homme ajoute que l'Exposant a lui-même enfreint les conventions par la remise de la copie, et par toutes ses manœuvres plus amplement à déduire. Lorsque Treil tient ce langage, il a sans doute oublié ce que le public pense sur son compte; il tâche vainement d'effacer les impressions que ses crimes donnent contre ses plaintes injustes et téméraires; ce qu'on vient de rapporter ne touche que sur l'Exposant, qui se mettroit peu en peine des discours de Treil, parce qu'il est bien assuré que la Cour et le public, jugeant l'Exposant et son assassin, et son dénonciateur, et son persécuteur, trouvera sans beaucoup de recherches le traître et le perfide.

A propos des conventions arrêtées un instant entre Joseph Treil et Gabriel Moustelon, dans le but de suspendre les poursuites, on lit encore :

Page 318.

Les conventions furent concertées, examinées et pesées par toutes les personnes qui agissoient pour Treil; aussi, le reproche téméraire de ce coupable tombe sur tous les médiateurs. Ce n'est point à l'Exposant à entreprendre leur justification. Le public les venge assez de l'ingratitude et de la témérité de ce malfaiteur. . . . . . . . . . . . . . . . . . . . . . . . . . . .
Voici les avantages de Treil : 1° L'Exposant renonce à toutes les poursuites contre ce coupable et ses accusés, par rapport au procès d'usure, d'assassinat, de duel, de subornatio

de témoins, circonstances et dépendances. Ainsi, Treil, auteur de tous ces crimes, et ses complices connus se mettent, non-seulement à couvert de toute peine, mais ils obtiennent la grâce de nouveaux coupables que l'Exposant auroit pu ensuite découvrir; coupables qui, à leur tour, auroient décelé Treil et ses accusés. On ne croit pas que Treil ose encore avancer qu'il est innocent de tous ces crimes. Un innocent ne demande point un accommodement; un innocent ne donne point l'argent pour l'obtenir. D'ailleurs, voici de quelle manière Treil s'expliqua dans le désistement qu'il demanda à l'Exposant, et qu'il lui fit présenter écrit de la propre main du garçon du *sieur Ferrières, marchand à Béziers, cousin germain de Treil.........................................*
Treil, reconnoit donc qu'il ne devra son salut qu'à la clémence du sieur Moustelon. Pour juger de l'avantage de cette grâce, on n'a qu'à se souvenir des suplices établis contre les usuriers, les assassins, les corrupteurs de témoins.

Page 326, premier alinéa.

Le procureur du roi étoit instruit des crimes de Treil, puisque dans la procédure de l'Exposant, il conclut un décret de prise de corps contre quatorze accusés. Il vit surtout que par les conventions, Treil se déclaroit coupable des plus grands crimes; il devoit donc à cette vue faire assigner de son chef, Treil en aveu; et, puisqu'il est le vengeur public, il devoit prendre des conclusions contre ce coupable, mais leurs liaisons étoient trop fortes pour céder au devoir et à l'honneur. Il est donc démontré qu'en 1735, en 1740, en 1741 et en 1742, Treil et Me Tinardy ont été intimement unis.

Page 332, à partir de la 12e ligne jusqu'à la fin de la page 333.

Voilà donc la récompense de la grâce accordée à cette foule d'assassins, de faux témoins, de corrupteurs, de faussaires, de prévaricateurs; voilà à quoi ont abouti les conventions:

à de nouveaux complots, à des persécutions plus cruelles contre le bienfaiteur de tous ces coupables. Que *Treil* ose maintenant accuser l'Exposant de perfidie et lui faire un crime de ce qu'il a produit une copie des conventions ?

Il n'est personne à Béziers et à Saint-Pons, qui n'eût déjà fait toutes les réflexions qu'on a présentées sur l'indigne procédé de Treil. Voilà les défenseurs et les garants du sieur Moustelon. Le public avoit aussi prononcé en faveur de l'Exposant; et il n'étoit pas possible que les personnes désintéressées pussent · partager ses opinions entre un homme qui n'a d'autre crime que celui d'avoir été volé, assassiné et dénoncé pour un prétendu duel; et un usurier, un assassin et un délateur (1). La présomption ne suffisoit pas à l'Exposant, la vérité paroit maintenant dans tout son jour.

Treil ne profitera donc pas des conventions qu'il a enfraintes; l'Exposant ne sera pas victime de sa générosité et de sa bonne foy.

Si, après les blessures considérables reçues dans un assassinat prémédité, il ne devoit sortir de son lit que pour passer dans des prisons le temps le plus précieux de sa vie, et si la dénonciation devoit rendre l'assassinat impuni, ne valoit-il pas mieux pour l'Exposant que l'attentat de Treil eût tout son effet...... Treil avait osé criminaliser un homme qui a sur lui l'avantage de la probité, de la réputation et de l'innocence; quelle témérité ! *arguis verbis eum qui non est æqualis tibi;* il osait l'accuser de perfidie; que ce langage convient mal à un homme chargé de tant de crimes (2); *loqueris quod tibi non expedit;* il avait communiqué à de faux témoins sa passion et son injustice, mais leur langage, qui est l'effet des leçons de Treil, se détruit et le condamne bien mieux que toutes les réflexions de l'Exposant. . . . . . . . . . . .
Les conjurés avoient dit : Persécutons l'innocent puisqu'il ose poursuivre ses assassins, épuisons contre lui toutes les ressources de la calomnie. Insensés ! croyoient-ils que ce

(1) Il s'agit de Joseph Treil.

(2) Il s'agit toujours de Joseph Treil.

complot abominable échapât à l'œil, de celui qui voit tout.... Leur complot, leurs manœuvres ont éclaté, la folie de leurs desseins sera suivie du désespoir de Treil, de ses agens....... Déjà les trois prêtres qui se sont livrés à Treil, sont devenus les objets de l'indignation publique; et les autres témoins les plus qualifiés sont dans les allarmes, le trouble et la désolation...... Que ces faux témoins, que Treil, leur corrupteur que les prévaricateurs fuyent donc à la vue du glaive vengeur de l'injustice.

Je prie maintenant MM. de Treil de vouloir bien mettre en parallèle le langage injurieux qu'ils me prêtent à leur égard, de celui des rédacteurs du Mémoire dirigé contre leur aïeul Joseph Treil, père de François, prétendu baron de Pardailhan. Ils comprendront alors l'étendue des droits de la défense dans le passé, et *à fortiori* dans le présent. Jamais ces pages n'auraient été transcrites, sans l'injuste accusation d'outrage et la nécessité de la repousser.

MM. de Treil confesseront, j'espère, maintenant que je me suis montré infiniment charitable en ne risquant pas, dans mon premier Mémoire, la moindre allusion au précédent. C'est sans doute pour nous être abstenu de toute insinuation à cette triste affaire; c'est sans doute pour avoir retenu en portefeuille les extraits baptistères et autres, où la *vilenie* des Treil est trois fois manifeste, même après 1751, que ces derniers ont l'audace de demander des dommages et intérêts à ceux qui ont subi et subissent les préjudices de leurs usurpations. Eh bien! qu'ils reçoivent en à-compte, ce supplément de vérité publié en mon nom, et à mes frais.

## II

ÉTAT ROTURIER DE ANTOINE, GRAND-PÈRE DE FRANÇOIS TREIL, AVOCAT DU ROI, ET SE DISANT BARON DE PARDAILHAN. — PREUVES AUTHENTIQUES A L'APPUI.

Puisque la famille TREIL ose affirmer, dans ses conclusions, qu'elle est issue d'ancienne race et que sa noblesse remonte à 1392, je vais la faire descendre de ces hauteurs chronologiques à la vulgaire condition représentée, pour me servir d'un terme de l'époque, par les bourgeois et les manants. Pour faire retomber nos adversaires dans le petit monde, je n'ai qu'à feuilleter l'État-civil des hameaux ou des villes de l'Hérault, où les Treil eurent des établissements. On va voir que leur roture est plus épaisse que les couches de granit qui accidentent les montagnes d'Ornac, leur berceau, d'Olargues et de Saint-Pons, où ils vinrent se fixer successivement. Jamais la parole de l'Évangile, *humiliavit superbos*, n'aura été plus justement appliquée. Nous avons sommé MM. Treil de produire leurs titres antérieurs à 1750, sans avoir pu les obtenir encore, après plusieurs mois d'attente. Devant ce refus obstiné, nous avons pris la peine de reconstituer authentiquement le lointain et haut lignage des défendeurs, en empruntant les pièces démonstratives aux Archives publiques. En vertu de documents officiels, les Treil sont exclus radicalement de la noblesse, mais ils ont droit au meilleur accueil dans une histoire des corporations ouvrières ou des classes laborieuses. Pour ne pas redresser la longue échelle d'artisans qui furent leurs ancêtres (provenance aussi honorable qu'une autre), je vais vérifier d'abord les qualités d'Antoine et ensuite de Joseph Treil : le premier trisaïeul de la plupart de nos adversaires, et le second leur bisaïeul. Cet ordre filiatif doit être haussé d'un degré pour M. Louis-Charles-Arthur de Treil, qui descend dudit Antoine au 5$^{me}$ degré et dudit Joseph au 4$^{me}$. Ces bases généalogiques établies, controlons les preuves de vieille extraction dont se flatte la famille Treil. Nous allons commencer par Antoine Treil (1), tenancier de quelques pièces de terre du vicomte de Thézan, et grand-père de François Treil, avocat du roi, le premier qui se soit dit baron de Pardailhan.

Il est essentiel de noter en passant que dans un grand nombre d'actes, dès la fin du dix-septième et de la première période du suivant, le nom de Truel et de Treil désigne uniquement les membres de la famille Treil. Cette dernière forme d'ortographe fut précédée par l'autre; aussi, sous la restauration, Joseph-Louis-Marie-Alexandre de Treil, père de M. Louis-Charles-Arthur, demeurant à Autricourt, constata-t-il, dans la généalogie remise à Saint-Allais et dressée de sa main, que Treil, en latin, était écrit indistinctement, *Trelli* ou *Truelli*, et en français, *Truel, Trail* ou *Treil*. Cette dernière leçon, d'après lui, était la plus récente.

Le sieur Antoine Treil, grand-père de François Treil, qui se fit baron de Pardailhan, comme ses deux descendants, se sont de nos jours créés comtes, ne prenait pas encore, en 1692, la qualité de *Bourgeois, par la raison* qu'il était à l'échelon inférieur : il figure au *Compoix*

---

(1) Les degrés supérieurs représentés par Fulcrand, Jean et François Treil ou Truel, seront laissés en paix. Nous ne les remonterons que si nos adversaires nous mettent dans cette nécessité.

*d'Olargues,* comme possesseur ·d'un verdier contigu à noble de Bosquat, et comme ayant affermé de M. *le vicompte* (de Thézan) une parcelle de terre imposée à la taille 12" 7ˢ 1ᵈ ¼ ⅛. Je transcris textuellement l'article pour la satisfaction de ma conscience et l'édification de celle d'autrui.

Le SIEUR ANTOINE

TREIL. . . . . . . . . . . . . . . . . . *iÿ*ˢ *x*ᵈ ¼.

*Le 3ᵉ Avril 1723 a pris le*

*4ᵉ article de* MONSʳ LE VICOMTE, *fait trois solz* (1).

Antoine Treil était donc preneur, tenancier, locataire ou emphytéote (car ces quatre mots sont synonymes) de M. le vicomte de Thézan. — Autre exemple :

ARTICLE DE M. LE VICOMPTE (2).

« *Le 3 Avril 1723, le* Sʳ TREIL *a pris l'article 4 de*
» *cette parcelle qui fait trois solz de compoix, et partant*
» *restera ici douze livres sept solz un denier un quart*
*et un huitième, ci.* . . . . . . . . . . . *12" 7*ˢ *1*ᵈ ¼ ⅛ (3).

Voilà donc Antoine Treil recevant en fermage, de M. le vicomte, deux morceaux de terre. Ces baux n'impli-

(1) Extrait de la *Brevette,* registre des changements de la commune d'O-largues, chef-lieu de canton de l'Hérault, folio 10, verso. — Extrait certifié conforme, délivré par le maire d'Olargues, le dix-neuf octobre mil huit cent soixante-huit.

(2) La notoriété féodale de cette famille était telle que son chef, dans la plupart des actes publics, n'est désigné que par son titre de Vicomte; il était également Marquis et le seul, avec M. de La Sale qui eut des biens nobles dans la juridiction d'Olargues, laquelle englobait les possessions d'Antoine Treil.

(3) *Compoix d'Olargues, cayer des biens nobles,* folio 81, recto.—Extrait certifié conforme par le maire d'Olargues, et légalisé par le juge de paix de ce canton, le 20 octobre 1868.

quaient point aliénation de la part du bailleur, qui conservait la nue-propriété et qui recouvrait la jouissance à l'expiration du contrat. Celui qui prenait comme Alexandre Treil des lopins à roture, moyennant redevance et acquittement de la taille, travaillait le fonds et recueillait l'usufruit. C'était la ressource ordinaire des pauvres gens de la campagne ; elle était naturellement interdite, sous peine de déchéance, au « noble qui avait la faculté de « manier la charrue sur ses terres, mais non sur celles « du voisin, *parce que nul exercice que fait le gentil-* « *homme pour soi et sans tirer d'argent d'autrui, n'est* « *dérogeant.* Il n'aurait pu prendre des terres à ferme, « parce qu'alors le travail serait devenu une industrie et « un moyen de lucre. (1) » Aussi, Guyot et Dalloz rangent-ils parmi les actes déterminant la perte de la noblesse, les suivants : la profession des arts mécaniques, le commerce, la possession de certains offices, tels que ceux de procureur, de greffier, sergent, l'*exploitation de la ferme d'autrui* (2). Antoine Treil, heureusement, ne risquait pas de déchoir, non plus que son fils, que nous verrons pratiquer des états divers.

Toutes les fois que la qualité de noble appartient à quelqu'un dans les anciens cadastres, elle est invariablement enregistrée, avec le nom, comme justification des privilèges terriens. Ceux qu'on aurait oublié de désigner comme nobles auraient réclamé selon leur droit ; aussi jamais pareille omission n'était possible. On peut donc déterminer l'état social d'Antoine Treil par celui de son voisin, auquel il fait contraste. Je cite encore le Compoix :

(1) *Droit nobiliaire français au XIX⁰ siècle,* par Alfred Levesque, p. 105.
(2) Dalloz : *Art. Noblesse,* t. XXXII, p. 501.

*Un verdier al pourtal confronte de levant le sieur* Antoine Treil, *midy et couchant chemin, Acq*ᵒⁿ *le sieur
Feutier et* noble De Bosquat (1).

On lit ailleurs :

*Un verdier proche la porte Gaubert, confronte du le-
vant le sieur* Antoine Treil *et* noble De Bosquat (2).

La morale de ce rapprochement est celle-ci : le sieur
Antoine Treil est le voisin du noble De Bosquat et du vicomte de Thézan, mais non leur égal, puisqu'ils sont
qualifiés à des titres différents, tandis que Treil ne l'est à
aucun titre, pas même à celui de bourgeois. En bonne
logique, il était donc roturier (3). L'acte ci-après ne va
nous démentir.

(1) *Compoix d'Olargues* dressé le 3ᵐᵉ jour du mois de fébvrier 1692, article de Pierre Fonds, marchand, fol. 23, verso, et 24, recto. — Copie en due
forme.

(2) *Compoix d'Olargues*, article 17, fol. 23, recto. On trouve encore dans
le même Compoix plusieurs mentions concernant le sieur Antoine Treil non
encore revêtu de la bourgeoisie attribuée à tous les autres taillables qui la
possèdent.

(3) Dans les anciens cadastres, la condition de tous est mentionnée, qu'ils
soient nobles ou bourgeois. Je prends au hasard quelques noms dans le
*Compoix de Saint-Pons de Thomières*, dressé en 1675.

*Nobles :*

François de Portes, seigneur de Pardailhan, folio 23.
Le baron de Bezouls, folio 2, verso.
François de Bugayrous, sieur de Fonséque, folio 4.
Thomas de Thezan, baron d'Olargues, folio 13.
Jacques du Laur, sieur du Boscq, folio 5.
Marquis de Cabrol, sieur de Rieumajou, etc., folio 13.

*Bourgeois :*

Messire Pierre Maurin, bourgeois, folio 66.
Pl. Verliac, bourgeois, folio 75.
Marchal Vidal, bourgeois, folio 39.
Barthélemy Alba, bourgeois, folio 31.

Partout où apparaît Antoine Treil, la qualité de bour
geois est absente, ce qui n'est pas étonnant, puisque les
emphytéotes ne pouvaient prétendre à pareil honneur.
En 1704 on le trouve au baptême de Thérèze Gabaudon,
dépourvu des plus infimes qualités. Nous détachons la
preuve des anciens registres ecclésiastiques de Saint-
Julien, canton d'Olargues, allant de 1722 à 1792 :

Le 18 du mois         de l'an 1704, est née une fille à
Joseph Gabaudon et à Louise Azaïs, qui a été baptisée, le
23 du même mois, à qui on a donné le nom de Thérèse : son
parrain, a été Jean-François Vilaris; sa marraine, Marie
Vabri. Présents : Antoine Truel et Franç. Turiez.

Castanier Pre.

Toutes les fois qu'il est question d'un noble, cette
qualité précède son nom dans toutes les inscriptions de
naissance, de mariage ou de décès, que l'on soit père,
mère, futur, future ou assistant (1).

Antoine Estival, bonrgeois, folio 67.

Ceux qui ne sont pas arrivés à la bourgeoisie, sont simplement signalés *sieurs* ou désignés par leur état. (*Compoix d'Olargues*, dressé en 1692 : Le sieur Antoine Treil, *folio 25, recto et verso.* — Georges Carrières, marchand, *folio 25, recto et verso*).

(1) « Le neufviesme may 1673, a esté baptisé Suzanne de Portes, naye le septiesme du courant, à midy, fille de Noble *François de Portes*. Le parrin, a esté Noble *Ivan de Flotte*, sieur de La Ribaute, » etc. (*État-civil de Saint-Pons*, anciens registres de l'église Saint-Martin-de-Jaur. — *Archives communales*.)

« Le 10 avril 1748, a été baptisé par moy soussigné, Jeanne de Raynaud, fille de Noble *Joseph-Augustin de Raynaud* et de dame Marianne-Françoise de Raynaud, de Saint-Christol de la Salvetat . » (*État-civil de la Salvetat*, d 1744 à 1751, *Greffe de Saint-Pons (Hérault)*.

« Après la publication de mariage, faite le huitième octobre, jour du dimanche, entre Noble *Joseph Gayraud*, sieur de Lasserre, viguier de Saint-Pons, fils légitime de Noble *Antoine Gayraud*, le 9 octobre 1719. » (*État-civil de Saint-Pons*, registre de l'ancienne paroisse de Saint-Martin-de-Jaur; *Archives de l'Hôtel-de-Ville*, folio 104).

« Noble *François de La Plane* est décédé, après avoir participé aux sacrements, le 6 may 1719. » (*Ut supra*), folio 86.

Les plus humbles la reçoivent, comme les plus élevés, en prééminences féodales ou honorifiques. Devant les personnages de la famille Treil, le mot noble ne se montre jamais antérieurement à 1750 ; mais en compensation, on trouve, vingt ans avant, toujours à leur suite, la désignation de marchand, bourgeois, banquier. En 1720, les Treil ne sont pas encore parvenus à la bourgeoisie, alors ils s'intitulent simplement, citoyens d'Olargues ou d'Ornac (1), ce qui signifiait qu'ils étaient libres et ne l'avaient pas toujours été. Grande devait être la pénurie des distinctions chez Antoine Treil, pour faire emploi de la dernière dans ses transactions. Apparemment, s'il s'en servait, c'était pour lui un grand luxe. Citons toujours :

L'an mil sept cent soixante-deux et le dernier jour du mois d'août, à Mons, terre de la Voulte, après-midi, regnant Louis quinze, et pardevant nous Notaire Royal soussigné et Témoins bas-nommés, constitué en sa personne Pierre Bonnet, habitant du Mas de Bardon, terroir du dit lieu, lequel, comme mari et maître des cas dotaux de Madeleine Fouilhé, son épouse, a déclaré et confessé avoir reçu du réel et du comptant en espèces de cours de Mʳ Antoine Trail, *citoyen d'Ornac*, juridiction de la Voulte, ici présent, la somme de vingt-sept livres, par le dit sieur Trail, comptée et délivrée, et par le diᵗ Bonnet reçue et emboursée à son contentement, au vu de nous, Notaire et Témoins, provenant la dite somme pour pareille que le dit sieur Trail, s'était obligé de payer et de satisfaire au dit Bonnet ou à son épouse, lors de leur contrat de mariage, en dâte du trois mai 1731, retenu par nous, et comme content et bien payé en a quitté et quitte le dit sieur Trail et promet de ne lui en jamais faire autre demande

---

(1) « Le hameau d'Ornac n'est composé que de sept à huit feux. » (*Mémoire* susdit, page 180, lignes finales du dernier alinéa.)

et consent à la cancellation du dit acte, trois mai 1731, portant dette de la sus dite somme de vingt-sept livres, promettant le dit Bonnet, d'en faire reconnaissance, de la dite sommé, sur tous et chacuns ses biens présents et futurs, pour être assurée et restituée à la dite Fouilhé, le cas de restitution arrivant; et pour l'observation de ce dessus, les dites Parties, chacune comme le concerne, ont obligé leurs biens présents et futurs soumis aux rigueurs de justice. Fait et récité à Mons, en présence des sieurs François Castel, marchand, du lieu de Saint-Martin et de François Astruc, habitant de la Corte, témoins requis, signés avec le dit sieur Trail et le dit Bonnet Marqué et nous Jamme, notaire royal de la Voulte et de Saint-Martin, requis.

TREIL, CASTEL, ASTRUC, JAMME no^tre, signés à la minute.

Contrôlé à Olargue, ce 14 septembre 1732. Reçu six sols. Fons, signé.

*L'an mil huit cent soixante-huit et le vingt-cinq septembre, collation des présentes a été faite par nous, Moustelon, Pierre-Émilien, notaire, à la résidence d'Olargues, sur la minute de la dite quittance étant en notre possession, comme détenteurs des minutes de Me Jamme, notaire recevant.*

Pour expédition :

MOUSTELON (1).

Il existe une vingtaine de vieilles minutes, dans diverses études de l'Hérault, établissant, comme la précédente, qu'Antoine Treil n'était pas encore dans le Tiers-État au début de sa carrière.

C'est plus tard, seulement, qu'il prend la qualité de citoyen d'Ornac, commune à tous les brassiers, cardeurs, tisserands, etc., etc.

(1) Vu pour légalisation de la signature : Moustelon, notaire à Olargues, apposée ci-dessus, par nous juge de paix du canton d'Olargues, soussigné.

Olargues, le 20 octobre 1868.

CONSTANS.

Faisons maintenant confirmer l'état du père par celui
de son fils Joseph Treil. C'est ici que les piéces justificatives vont être nombreuses et piquantés.

## III

ÉTAT ROTURIER DE JOSEPH TREIL, ÉPOUX DE MARIE AZAÏS,
BISAÏEUL DE AUGUSTIN FRÉDERIC TREIL, ET D'ARMAND
TREIL, COLONEL DE GENDARMERIE EN RETRAITE (TOUS
DEUX SE DISANT COMTES DE PARDAILHAN), ET TRISAÏEUL
DE M. LOUIS-CHARLES-ARTHUR DE TREIL, SE DISANT
BARON DE PARDAILHAN. PREUVES A L'APPUI.

*Acte du 14 octobre 1721, dans lequel le susdit Joseph
Treil est qualifié bourgeois. Cette désignation ne
saurait être récusée par ses petits-fils, la garantie de
son exactitude est la signature du contractant apposée
au bas.*

L'an mil sept cent vingt-un, et le quatorzième jour du mois
d'octobre, dans Olargues, diocèze de Saint-Pons, après-midi;
règnant, etc., par devant moi, notaire royal du dit Olargues,
soussigné, et témoins bas-nommés; fut présent en personne
Joseph Granier, marchand traficant, habitant du dit Olargues; lequel, de son bon gré, par cet acte, fait cession,
rémission et transport au sieur Joseph Truel, *bourgeois,*
habitant dudit Olargues, ici présent et acceptant, de la
somme de quarante-six livres cinq sols, à prendre et se
faire payer y cette somme, savoir : vingt-quatre livres sur
Villebrun, dit Pierronnil, et la somme de vingt-deux livres
cinq sols sur Pierre Astruc, tous habitants de Saint-Martin
de l'Arçon, et que les sieurs Villebrun et Astruc devaient
audit Granier, pour reste de la vente des cochons que ledit
Granier lui avait fait le premier de l'année courante, etc.

Fait et récité dans la maison de moi, notaire; présents les sieurs Laurent Amans, et Pierre Gros, tailleurs d'habits, habitant du dit Olargues, temoins requis, signés avec parties, et de moi, Gabriel Moustelon, notaire royal, du dit Olargues, requis.

Granier, Trail, Amans, Gros, Moustelon, notaire, signés à la minute.

Contrôlé à Olargues, le quinze octobre 1721, premier volume, article 7, reçu dix-huit sols. Fons, signé.

*L'an mil huit cent soixante-huit et le vingt-cinq septembre, collation des présentes a été faite sur la minute du susdit acte de transport, par nous, Moustelon, Pierre-Émilien, notaire, à la résidence, successeur médiat du dit Gabriel Moustelon, notre bisaïeul, notaire recevant.*

Pour expédition :

MOUSTELON (1).

*Autre acte qui attribue à Joseph Treil, la profession de banquier, dérogeante pour un noble, mais qui, pour lui, était une amélioration, et une augmentation d'État social.*

L'an mil sept cent trente-sept, et le onzième jour du mois de juillet dans le lieu d'Ornac, terroir de la Voulte, avant midi, règnant Louis quinze et pardevant nous notaire royal soussigné et témoins bas-nommés, ont été présents en leurs personnes, le S<sup>r</sup> Joseph Trail, *banquier, citoyen de la ville de St-Pons,* et Antoine Cazals, habitant du dit Ornac, lesquelles parties de leur bon gré, ont fait et font échange des possessions suivantes : premièrement, le dit sieur Trail a baillé et baille au dit Cazal, à ce présent et acceptant, en échange

---

(1) Vu pour légalisation de la signature..... par nous juge de paix du canton d'Olargues.

Olargues, le 20 octobre 1868.

CONSTANS.

perpétuel et irrévocable, une maison assise au dit Ornac, qu'il avait acquise de Pierre Lauze, avec un patus de dix pans de largeur et seize de longueur, conformément à l'acte d'achat passé entre le dit Lauze et le S<sup>r</sup> Trail, le 2 avril 1732, retenu par nous, le lui baillant avec les mêmes facultés et avantages qu'il l'avait acquise du dit Lauze et Georges Bouayrat, d'Ornac, pour le prix et somme de quarante-neuf livres quinze sols, dans lequel patus le dit S<sup>r</sup> Traïl a fait construire un escalier pour l'entrée de la dite maison; et en contr'échange, le dit Cazals à baillé et baille, au même titre d'échange perpétuel et irrévocable de maison d'habitation au dit Ornac avec ses facultés anciennes et accoutumées, etc. Fait et passé au dit Ornac en présence de François Bousquet, M<sup>c</sup> Macon, habitant du lieu de Riols, et Gabriel Lauze, habitant d'Ornac, témoins requis signés avec le S<sup>r</sup> Trail, et le dit Cazals a dit ne savoir, et nous Gabriel Jamme, no<sup>re</sup> royal de la Voulte et St-Martin de l'Arçon, requis.

Trail, Bousquet, Lauze, Jamme, no<sup>re</sup>, signés à la minute.

Contrôlé à Olargues, le 25 juillet 1737, reçu six sols, et pour insinuation, une livre quatre sols, Carrière, signé.

*L'an mil huit cent soixante-huit, et le vingt-cinq septembre, collation des présentes a été faite sur la minute du dit acte d'échange, par nous Moustelon, Pierre-Émilien, notaire à la résidence d'Olargues, soussigné, détenteur des minutes du dit Gabriel Jamme, notaire recevant.*

Pour expédition :

MOUSTELON (1).

(1) Vu pour legalisation de la signature...... par nous, juge de paix du canton d'Olargues.

Olargues, ce 20 octobre 1868.

CONSTANS.

*Contrat de Mariage de Jean - Marie Amblard , avec Monique Treil, fille de Joseph Treil. Celui-ci est toujours appelé bourgeois. Dans de telles circonstances, pourtant, ceux qui tenaient la qualité de noble, n'a-vaient pas l'habitude de la cacher.*

EXTRAIT DU REGISTRE DES ACTES DE L'ÉTAT-CIVIL DE LA COMMUNE DE SAINT-PONS, CHEF-LIEU D'ARRONDISSEMENT, DÉPARTEMENT DE L'HÉRAULT.

REGISTRE DE 1729 A 1738

Après la publication des bans de mariage, pendant trois dimanches de suite, d'entre le sieur Jean-Marie Amblard, fils légitime et naturel de feu maître Pierre-Jean Amblard, avocat au Parlement , et de demoiselle Anne Farret, mariés, de St-Pons, et d'entre demoiselle Monique Trœil, fille aussi légitime et naturelle du sieur Joseph Trœil, *Bourgeois* (1), et de demoiselle Marie Azays, mariés dudit St-Pons. Nul empêchement audit mariage n'étant venu à notre connaissance, je les ai conjoints et leur ay donné la benediction nuptiale, avec la permission de M<sup>r</sup>. Dalbyn, curé de ladite paroisse, en présence de M. Trœil père, et de M. Jean Constans, *marchand du dit St-Pons, son cousin;* de Joseph-Marie Vidal, soudiacre, aussi son cousin, et de M. Jacques Constans, son cousin, et de M. François Requiraud , bourgeois à St-Pons,

(1) Joseph Treil, au baptême des étrangers, comme aux cérémonies des siens, persévère sans doute, malgré lui, à ne pas préfixer le mot noble devant son nom. Exemple tiré de l'*État-civil de St-Pons*, registre de 1672 à 1729 :

« Joseph-Honoré Tabariech, fils du sieur François Tabariech, marchand,
« et demoiselle Marie-Marthe Lavit, de St-Pons, est né le onzième, et a été
« baptisé le douzième de l'an mil sept cent vingt-six. Son parrin est le sieur
« Joseph Tabariech, avocat au Parlement ; sa marreine, demoiselle Marie-
« Anne Roger. Présents : le sieur Jean Chabardez et le sieur Joseph Treil. »

« d'ALBIN, *curé.*
« TABARIECH, TRŒIL, CHAVARDEZ. »

le 4 fevrier mille sept cens trente-huit. Roger, prêtre, Amblard, Trœil, Constans, Requiraud, Vidal, sous diacre, Constans, signés au registre (1).

*Certificat d'un religieux de l'Observance, pour servir à Gabriel Moustelon, docteur en médecine, bourgeois de Saint-Pons, contre Joseph Treil, inculpé de meurtre et subornation de témoins; ledit Joseph Treil, sous la plume de l'ecclésiastique, n'est plus que marchand.*

Je soussigné, prêtre religieux de l'Observance de St-François, déclare à Me Gabriel Moustelon, docteur en médecine, citoyen de St-Pons, que feu Auzias Chapelain, du lieu de Cenesson, m'ayant fait appeler pour le confesser, me chargea expressément, pour la décharge de sa conscience, de déclarer qu'ayant été ouï témoin dans une procédure qu'on a faite au sieur Moustelon pour crime de duel, il avait mal à propos déposé, et cela par pure haine contre ledit Moustelon, à cause que celui-ci l'avait fait emprisonner et pour obliger le SIEUR TREIL, *marchand de St-Pons*, qui le sollicita de servir de témoin de la procédure, et que la déposition qu'il fit devant Me Trémoille, juge criminel de Béziers, ne contient pas la vérité; ce qu'il nous pria de dé-

(1) Pour extrait certifié conforme,
Délivré à la mairie, à St-Pons, le 15 septembre 1868.

Le Maire,
XAVIER BOUISSON.

Vu pour la legalisation de la signature de M. Xavier Bouisson, Maire de la ville de St-Pons, ci-dessus apposée.

Au Palais de Justice, à St-Pons, le 18 septembre 1868.

Le Président du Tribunal,
AMÉDÉE GARDES.

clarer au sieur Moustelon en cette forme, pour la sûreté de sa conscience et le repos de son âme (1), etc..

FRANÇOIS DE LESTRE *(Signé)*.

À Cenesson, le 20 février 1741.

Notez que Joseph Treil était dans une contrée où la qualité de noble avait été accaparée par beaucoup de ceux qui ne vivaient point de commerce ou de leurs bras. Dans le comtat Venaissin, qui confinait au Languedoc, l'abus du mot *noble* était devenu si invétéré et si général, que le vice-légat du pape rendit, le 4 février 1729, l'ordonnance ci-après :

« Défenses à toutes personnes, tant de la ville que des au-
» tres villes et lieux du comtat d'Avignon, de s'arroger ni
» prendre le titre et qualité de noble dans aucuns actes ni
» écritures, soit privés, soit publics, si elles ne sont vérita-
» blement nobles, à peine de cinq cents écus d'amende pour
» la première fois, et de mille écus pour la seconde (2). »

Si Joseph Treil ne put employer le mot noble en pré-sence de la maraude dont il était l'objet, c'est que ses professions et sa notoriété plébéienne furent un invincible obstacle.

Tout concourt à éclairer la bourgeoisie de Joseph Treil, de son fils François et de tous les membres de cette famille, lors de l'achat des terres de Pardailhan (1751). Je crois inutile de rappeler que deux de ses

(1) Cette pièce fut produite aux debats de l'affaire Moustelon contre Treil devant le Parlement de Toulouse.

En 1808, le titre de *bourgeois* était encore si peu effacé dans la famille, qu'il est attribué au père Armand de Treil dans l'inscription de naissance de celui-ci, le 9 novembre de l'année ci-dessus.

(2) *Abrégé chronologique des édits*, par Cherin, art 355.

sœurs s'étaient alliées, l'une à *Mirabel, marchand-dro-guiste,* et, pour me servir d'un terme plus élevé, apothicaire, dont elle eut *Louis Mirabel;* l'autre était femme de *Augustin Hortala, tisserand,* qui donna le jour à *François,* signalé avec tant d'autres, dans le *Mémoire en faveur de Moustelon.* Jean Constans et N. Ferrières, marchands, le premier de Saint-Pons, et le second de Béziers, étaient cousins de Joseph Treil.

Je laisse à l'écart Marguerite Roger, femme d'Antoine Treil, grand'-mère de François Treil, le premier qui se soit dit noble et baron de Pardailhan, et aussi sa bisaïeule, Marguerite, *alias,* Catherine Carrière, épouse de Fulcrand Treil. Il me suffira d'examiner l'état social de Marie Azaïs, et de savoir s'il est en désaccord avec celui de Joseph Treil, son mari.

Joseph Treil, le citoyen d'Ornac et d'Olargues, le bourgeois et le marchand de Saint-Pons, le père de François, était entré, par son mariage avec Marie Azaïs, dans la famille de celle-ci, représentée, le 10 septembre 1716, par Joseph Azaïs, qui mourut à l'hôpital de Saint-Pons en 1719 (1); par Antoine Azaïs (2), retordeur. A la même époque, Claude Azaïs (3), fille ou nièce de Jacques Azaïs, cardeur, avait épousé un homme du même état. En 1721, Pierre Azaïs était charbonnier (4); le 7 août

(1) Joseph Azaïs, de La Vignolle, paroisse de Riols, est mort à l'hôpital de Saint-Pons, le 18 septembre 1716, etc. (*Archives de l'État-civil de Saint-Pons,* anciens registres ecclésiastiques de 1672 à 1729.)

(2) Antoine Azaïs, maître retordeur de cette ville, est décédé dans la communion de l'Église, le 5 décembre 1719, etc. (*Ut supra.*)

(3) Claude, fils de Jacques Homières, cardeur, et de Marie Azaïs, mariés, né le 11 avril 1719, etc. (*Ut supra,* folio 184.)

(4) Anne Auriol, épouse de Pierre Azaïs, charbonnier, est décédée dans la communion de l'Église, le 10 novembre 1721, etc. (*État-civil de Saint-Pons,* folio 72, registre de 1672 à 1729.)

1722, fut inhumé Pierre-Jean Azaïs, brassier (1); le 24 juin 1724, Joseph Azaïs (2) était métayer à Bressac; un autre, Bernard Azaïs, est enregistré maçon. Je ne compte pas Azaïs, le tailleur, cité dans le *Mémoire contre Joseph* TREIL (3).

Il n'y a pas de démérite d'être ainsi apparenté, car je ne puis contester l'honorabilité de ces artisans; ils sont très estimables, à mes yeux, d'être partis de rien et d'être parvenus à quelque chose. Seulement il ne faut pas que leurs successeurs les répudient pour se targuer de haut lignage, se poser en grands sires, risquer des épithètes malséantes, obliger ceux qui vous laissent dans la nuit à faire la lumière. Plus on remonte dans le passé de la famille Treil, plus son orgueil est obligé de descendre.

Le colonel, au lieu de prendre des renseignements sur le prochain, par l'entremise d'un brigadier, aurait mieux fait d'en recueillir sur le compte des siens, de 1700 à 1750. Il se serait édifié lui-même et sa jactance et celle de ses frères et cousins, serait peut-être restée en dedans.

Claire Treil, fille de Joseph et sœur de François, qui va reparaître tout-à-l'heure en baron de Pardailhan, avait épousé Joseph Vidal, marchand, de Saint-Pons. L'inscription baptistère ci-après en fait foi.

---

(1) Pierre-Jean Azaïs, fils de Claire Mor, veuve d'autre Pierre-Jean Azaïs, brassier, fut enterré le 22 février 1722. (*Ut supra.*)

(2) Anne Azaïs, fille de Joseph Azaïs, métayer de Bressac, et de Marguerite Roger, mariés, était né le 24 juin 1724. (*Ut supra.*)

(3) Le 24 janvier 1737, fut tenu sur les fonts baptismaux Marianne Azaïs, fille de Bernard Azaïs, masson, et de Marguerite Granier. (*Ut supra.*)

EXTRAIT DU REGISTRE DE L'ÉTAT-CIVIL DE LA COMMUNE DE SAINT-PONS, CHEF-LIEU D'ARRONDISSEMENT, DÉPARTEMENT DE L'HÉRAULT.

## REGISTRE DE 1672 A 1729.

Pons-Jérome Vidal, fils légitime du sieur *Joseph Vidal, marchand* (1), et de d^elle Claire Treil, mariés, de la présente ville, est né le 20^e octobre 1728. Je l'ai batisé le 21^e du d. mois, j'ay été aussi son parrain. Il a été présenté sur les fonts baptismaus par le sieur Joseph Roque ; la marrène est demoiselle Généviéve Vidal. Présens : M^e Pierre-Jean Castelboy,

(1) Autre extrait concernant les mêmes :

« Antoine-Martial Vidal, fils légitime du sieur *Joseph Vidal, marchand*
» de Saint-Pons, et de demoiselle Treil, son épouse, étant né le 12 septembre
» 1721, fust baptisé sur le moment à cause du danger, par M^e Jean Lama-
» gnon, chirurgien. Les cérémonies ayant été faites le 15 du dit mois, etc. »
(*État-civil de Saint-Pons*, registre de 1672 à 1729. — *Archives de la Mairie.*)

Dans celui-ci, toujours relatif aux mêmes, apparaît une Mirabel.

‹ Anne-Catherine Vidal, fille du sieur *Joseph Vidal, marchand*, et de Claire
» Treil, née le 11 novembre 1723, a été baptisée, le 12 du d. mois. Son parrain
» a été Joseph-Marie Vidal ; sa marraine Catherine Mirabel. Présens : S^r Guil-
» laume-Joseph Vidal et S^r Constans. »

« LE JEUNE, VIDAL. »

(*Même source que ci-dessus*, fol. 227):

Magloire Vidal, fils de Joseph, et de Claire Treil, continua la profession paternelle en lui donnant plus d'importance, ce qui ressort de l'acte que voici textuellement :

« L'an mil sept cens cinquante et le dix-neuf octobre, après la publication
» des bans de mariage, pendant trois dimanches consécutifs, au prosne de
« la messe de paroisse, dont la dernière fut le dix-septiesme du dit mois
» d'octobre, entre M^e *Magloire Vidal, marchand fabricant*, de la ville de
» Saint-Pons, fils légitime de M. *Joseph Vidal* et de *demoiselle Claire Treil*
» mariés, de la dite ville, d'une part, et de demoiselle Marianne Amblard,
» fille légitime de Jean-Pierre Amblard, avocat au Parlement, et de dame
» Marianne Farret, etc. » (*Archives communales de Saint-Pons.* ancien registre ecclésiastique.)

sous-diacre, et Joseph Roque, Vidal, prêtre. P. Castelboy, Vidal, Roque, signés au registre (1).

Monique Treil, autre fille de Joseph, sœur de la précédente et de François, qui va se montrer tout à l'heure, noble baron et écuyer, bien que le 20 novembre 1739 il se qualifiât simplement *Monsieur Maître*, comme tous les avocats, chefs de corporations, desservants et notables du Tiers-État; Monique Treil, dis-je, contracta union avec *Pierre-Joseph Amblard, marchand.*

EXTRAIT DU REGISTRE DES ACTES DE L'ÉTAT-CIVIL DE LA COMMUNE DE SAINT-PONS, CHEF-LIEU D'ARRONDISSEMENT, DÉPARTEMENT DE LH'ÉRAULT.

## REGISTRE DE 1727 A 1738.

Pierre-Joseph Amblard, fils légitime et naturel du sieur *Jean-Marie Amblard, mard.*, et de demelle Monique Trail, mariés de St-Pons, est né le 5 octobre, mil sept cent trente-huit, et a été ondoyé à la maison en danger de mort, par Marie Valast sage-femme du dit St-Pons, et lui avons supléé les cérémonies du babtème le huitième du d. mois d'octobre. Son parrain est le sieur Joseph Trail, son grand père, sa marraine Demelle Marianne Farret, veuve de M⁰ Amblard, avocat au Parlement, sa grand-mère, signés. Présens : le dit sieur Jean-Marie Amblard et M⁰ Pierre-Jean-

(2) Pour extrait certifié conforme,

Délivré à la Mairie, à Saint-Pons, le 15 septembre 1868 :

*Le Maire,*
XAVIER BOUISSON.

Vu pour la légalisation de la signature de M. Xavier Bouisson, maire de la ville de Saint-Pons, ci-dessus apposée.

Au Palais de Justice, à Saint-Pons, le 18 septembre 1868.

*Le Président du Tribunal,*
AMÉDÉE GARDES.

François Amblard, avocat au Parlement, son oncle, signés, Trail, Amblard, Dalbin. p^tre, Amblard, Treil, M. Farret; Amblard signés au registre. (1).

Une autre fille de Joseph Treil était mariée à un artisan d'Albi (2).

Au contrat de mariage que nous reproduisons plus loin entre Alexandre Treil de Saint-Martial et demoiselle Élisabeth Robert, fille de Jean Robert, docteur en médecine, et de Jeanne-Rose Maurel, le 23 février 1751, Joseph Treil, le citoyen d'Olargues, le bourgeois, le marchand, le banquier, s'énonce seigneur de Pardailhan (3),

(1) Pour extrait certifié conforme,

Délivré à la Mairie, à Saint-Pons, le 15 septembre 1868 :

*Le Maire,*
Xavier Bouisson.

Vu pour la légalisation de la signature de M. Xavier Bouisson, maire de la ville de Saint-Pons, ci-dessus apposée.

Au Palais de Justice, à Saint-Pons, le 18 septembre 1868.

*Le Président du Tribunal,*
Amédée Gardes.

(2) *Mémoire contre Joseph Treil.*

(3) Le besoin d'accroître et d'embellir sa condition sociale, date de loin dans la famille Treil. Elle ne se contenta pas de l'éprouver pour elle-même, elle l'aurait communiqué à d'autres, si j'ajoute foi aux assertions du susdit Mémoire dont je transcris encore un passage dans le but de montrer les Treil poursuivant, non-seulement l'élévation de leurs personnes, mais encore celle de leur entourage.

« On voit donc que ce ne fut point pour accompagner sa femme que
» Villaris se trouva à cette continuation d'informations, mais pour manœu
» vrer à son ordinaire et pour fournir des faux témoins à Treil et à M^e Tré
» moille.

» Un grand nombre de ces témoins s'arrogent des qualités qu'ils n'ont
» pas ; la cabale crut devoir les illustrer en quelque sorte, parce qu'on
» s'imagina que le changement de leur véritable état donneroit du relief à
» leurs dépositions : Joseph Audier, misérable paysan et vigneron de Treil,
» prend la qualité de ménager ; François Hortala, qui n'est que tisserand,

c'est-à-dire co-propriétaire. On peut voir maintenant la progression du père et la transition ménagée au fils pour conquérir la baronnie. La famille, du reste, avait fait ses preuves de hardiesse en d'autres genres, et les appropriations héraldiques durent l'effrayer peu.

Joseph Treil exerça des professions multiples, comme on l'a vu plus haut : il continua aussi celle de son père Antoine, mais sur une plus grande échelle. Il était fermier général du Chapitre de Saint-Pons, et receveur de ses dîmes; à ce titre, il consentait des baux de seconde main dont il est question dans le *Mémoire contre Joseph Treil, en faveur de Moustelon,* pages 122 et 123.

Treil, dans son audition sur le décret rendu à la Requête du sieur Moustelon, à la séance du 7 avril 1740, avant Midi, avoüa qu'il étoit du environ, cent pistoles pour le reste du bail à la ferme, et qu'il avoit fait ses diligences contre Maraval et Azaïs, dans le mois de Juillet ou d'Août 1739.

Cette somme regardait Treil et non le Chapitre. En effet, il conste par un compte que Treil rendit le 6 Novembre 1739. qu'il se chargea en recette de 1813. liv. pour la Dîme de la laine de la Salvetat. Il faut observer que ce compte comprenait la recette et la dépense faite par Treil depuis le premier octobre 1737, jusque et inclus le dernier septembre 1738. Or, ce fut précisement en l'année 1738, que tombait le dernier payement du Bail à ferme pour six années de Maraval et d'Azais; puisque le 7 Avril 1740, Treil avoüa qu'il étoit dû

» se trouve métamorphosé en bourgeois; Augustin Hortala, garçon mar-
» chand, est érigé en négociant ; Villaris, qui pour vivre est obligé de tra-
» vailler à la journée, est décoré du titre de bourgeois; Pierre Lauze, dit
» Furet, qui est le dixième enfant d'un païsan, devient tout à coup ménager,
» et cette merveille s'opère dans Jean-Roger Boucher.

» Mais ces enchantements cessent à leur confrontation : c'est là qu'ils
» sont réduits à leur juste valeur. » — (*Mémoire contre Joseph Treil,*
page 41, de la quinzième ligne à la trente-unième. )

par ces deux fermiers, environ mille livres; il est évident que cette somme étoit dûe a Treil, puisqu'il s'en étoit chargé envers le Chapitre.

En résumé, Joseph Treil avait quatre métiers, tous plus incompatibles les uns que les autres avec la qualité de noble, mais non pas avec sa condition.

Ainsi, les Treil sont constamment ou tenanciers, ou marchands, ou bourgeois, ou banquiers, c'est-à-dire radicalement étrangers à la noblesse.

On devine maintenant pourquoi les devanciers de nos adversaires, n'ont jamais figuré dans les jugements de M. de Bezons, qui sont l'état officiel de la noblesse de Languedoc, jusqu'au commencement du dix-huitième siècle, ni dans les familles ennoblies de la province avant 1789, ni parmi les barons des Etats en 1686 et en 1768. On devine encore pourquoi François, avocat, le premier de sa famille se disant baron, ne se présenta pas en personne pour rendre hommage de la Caunette et pour assister à l'assemblée des nobles de la sénéchaussée de Béziers, en 1789. Il se fit remplacer dans ces deux cas par des mandataires, pour ne pas être tenu de présenter les preuves justificatives de ses qualités illégales. Nous n'avons pu rencontrer, même une fois par hasard, les Treil dans une compagnie aristocratique. En revanche, ils eussent été admissibles, surtout en dernier lieu, au déjeûner de Grimod de La Reynière. On exigeait des invités, devant l'ordonnateur du festin, la production de titres attestant des ancêtres marchands, avocats ou gratte-papiers, et l'exhibition des pièces à l'appui, telles que balances, bonnet carré, canif ou écritoire. Si je cherche à égayer MM. de Treil par des raisons plaisantes, c'est que l'argumentation sérieuse de mon premier Mémoire leur a souverainement déplu ; j'espère meilleure chance en changeant de manière, et en répétant avec le grand fabuliste :

Se croire un personnage est fort commun en France. —
On y fait l'homme d'importance,
Et l'on n'est souvent qu'un bourgeois ;
C'est proprement le mal François.
La sotte vanité nous est particulière.

## IV

### FRANÇOIS TREIL, AVOCAT, FILS DE JOSEPH TREIL, BOURGEOIS ET MARCHAND, NE POUVAIT ÊTRE NOBLE.

François Treil avait une inaptitude originelle qui lui interdisait les qualités de noble et de baron ; il les prit, néanmoins, sans souci du pouvoir régalien.

De nos jours, il est vrai, deux de ses petits-fils, le colonel et son frère, Augustin-Frédéric Treil, ont imité et dépassé cet audacieux précédent en se créant comtes de Pardailhan avec une spontanéité sans pareille. MM. Treil, dédaigneux de l'héritage de roture, sont très jaloux de continuer et de gonfler des qualifications usurpées. Que ne peuvent-ils renier ou échanger leur bisaïeul Joseph Treil qui laissa imprudemment, dans chacun de ses contrats, des traces de son existence plébéienne et commerciale. On ne lui sait aucun gré d'avoir dépouillé l'écorce du vilain, conquis à grand'peine la bourgeoisie, thésaurisé plus d'or que de vertus. On ne peut pas tout avoir. Joseph Treil fut surtout homme pratique : tour à tour brocanteur, bourgeois, et en dernier lieu banquier, d'aucuns même disent un peu trop.

Cette opinion n'est pas la mienne, mais celle des auteurs du *Mémoire en faveur de Moustelon, contre Joseph Treil* (1). Je n'ai donc pas exagéré en attribuant à ce dernier plus d'amour pour le sac que pour le prochain. Après tout, peut-être aimait-il mieux compter des écus que des ancêtres, par l'excellente raison qu'il était pourvu des uns et dépourvu des autres. Ses professions variées lui avaient donné d'ailleurs assez de mal et de tracas pour qu'il fût plus conservateur que les gentilshommes élevés dans le métier des armes ou dans la molle oisiveté des cours.

Son fils aîné, héritier de cette grosse fortune, eut nécessairement l'ambition de la convertir en noblesse apparente si non réelle. Poussé par cette convoitise, de tout temps épidémique (2), il acheta une savonette à vilain sous forme d'une charge d'avocat en la cour des aides de Montpellier, à laquelle était également attaché le titre de sécrétaire du Roi et de couronne de France. Les titres redondants étaient de mode, en ce temps où les *langueyeurs de porcs* et les *essayeurs de beurre* sur les foires et les marchés, étaient en même temps conseillers du Roi. Si ces fonctions étaient ridicules, je reconnais que celle de François Treil ne l'était pas; qu'elle conférait la noblesse graduelle comme tous les offices judiciaires de troisième ordre. C'est l'avis de Ch. Le Bret, devant lequel je m'incline, en le rapportant. :

(1) Pages 322 et 323.

(2) « Tel abandonne son père qui est connu, et dont on cite le greffe ou la
» boutique, pour se retrancher sur son aieul qui, mort depuis longtemps,
» est inconnu et hors de prise. Il montre ensuite un gros revenu, une grosse
» charge, de belles alliances, et, pour être noble, il ne lui manque que des
» titres. » (*La Bruyère.*)

« Et les autres offices bien qu'ils soient fort honorables,
» néanmoins, il n'attribuent pas si promptement une
» pleine noblesse à ceux qui les possédent; mais ils
» servent seulement de degré pour y parvenir : car
» suivant la coutume que nous observons, il faut que la
» possession de ces offices, ayt été continuée de père en
» fils, dans une mesme famille, pour faire que le troisième
» se puisse dire pleinement noble.

« De cette espèce sont les offices de Conseillers de
« cours souveraines, de Trésoriers généraux de France,
« *de Secrétaires du Roi, maison et couronne de France,*
« de capitaines et lieutenants de compagnie de gens de
« guerre, et de plusieurs autres qui, pour l'honneur de
« leur dignité, jouissent d'une pleine immunité des tailles
« et de toutes sortes de subsides ; ce que l'on peut dire
« être déjà une demie noblesse (1). »

L'article 25 de l'édit de 1600, qui a toujours fait loi jusqu'à la Révolution française, est très explicite à cet
égard : il est défendu « à toutes personnes de prendre
» le titre d'écuyer et de s'insérer au corps de la noblesse,
» s'ils ne sont issus d'un père et d'un ayeul qui ayent
» servi au public en quelques charges honorables; de
» celles qui par les lois et mœurs du royaume peuvent
» donner commencement de noblesse, sans avoir jamais
» fait aucun acte dérogeant à la dite qualité, et qu'eux
» aussi, se rendant imitateurs de leur vertu, les ayent
» suivis en cette louable façon de vivre, à peine d'être
» dégradés avec déshonneur du titre qu'ils auront osé
» induement usurper.»

Ailleurs, à propos du métier des armes, auquel il

_______

(1) *De la Souveraineté du Roi,* lib. II, chap. VI, MDCXXXII

ne reconnaissait point le pouvoir d'anoblir, même au bout de deux générations guerrières, Loyseau, ajoute :

« Or, il ne faut pas dire ainsi de la noblesse provenant
» des offices de père et ayeul, bien qu'elle semble équi-
» parée à l'autre au même article de ce règlement ; car
» celle là est incommutablement à la troisième géné-
» ration, parce qu'elle provient en effet de la concession
» du prince qui confère les offices (1). »

Le célèbre auteur que nous venons d'invoquer reprend précisément la question et conclut toujours de même.

« Comme les rayons du soleil sont plus forts que ceux
« de la lune, qui emprunte sa lumière de lui, aussi la
« noblesse, soit de la femme mariée à un homme noble,
« ou de l'homme noble pourvu d'office ennoblissant, n'est
« pas si vigoureuse que celle de race qui appartient à la
« personne de son chef, et est infuse (s'il faut ainsi dire),
« dans son propre sang.

« C'est pourquoi nous pratiquons, en ces noblesses
« empruntées, tout l'opposite qu'en celle de race ; à sca-
« voir, qu'elles ne sont pas transmises aux enfants.

« Néanmoins, en la noblesse de dignité provenant des
» offices, nous observons que le père et l'ayeul ayant été
« pourvus d'offices ennoblissants, leur postérité devient
« noble (2). »

Le sujet initial d'une noblesse fut toujours incapable de posséder celle de race, qui comprenait au moins trois degrés supérieurs dans l'opinion de *Bernardus Autumnus* et de *Loyseau,* ce qui concorde avec la loi 27 C. « *de de-curionibus* » : *Patre et avo consulibus.*

---

(1) *Traité des Ordres des simples gentilshommes,* nº 40.
(2) *Des offices de la maison du Roi,* nº 78, etc.

Bacquet confirme ces principes : « ……. et n'ont pas le
« pouvoir d'ennoblir sa lignée, si tels offices n'ont été tenus
« par le père et l'ayeul : auquel cas la noblesse est ac-
« quise perpétuellement à la postérité ; et de cette espèce
« sont les conseillers des cours souveraines, encore qu'ils
« n'aient pas d'édicts exprès (1). »

Lors de l'achat de Pardailhan, en 1751, François de
Treil, avocat, était simplement dans la phase de la no-
blesse commençante, de même que les Amblard, les
Belloc et plusieurs autres dont les descendants ne se
croient pas nobles pour cela. En 1739, François est en-
core enfoncé dans la bourgeoisie, puisqu'il est qualifié
*Monsieur Maître*, au baptême de sa nièce Marie-Monique
Amblard :

EXTRAIT DU REGISTRE DES ACTES DE L'ÉTAT-CIVIL DE LA
COMMUNE DE SAINT-PONS, CHEF-LIEU D'ARRONDISSEMENT, DÉ-
PARTEMENT DE L'HÉRAULT.

REGISTRE DE 1739 A 1750.

Marie-Monique Amblard, fille légitime au sieur Jean-Marie
Amblard et demoiselle Monique Trœil, mariés, de Saint-Pons,
née le 20 novembre 1739, a été baptisée le lendemain ; parrein,
Pierre-Jean-François Amblard, avocat au Parlement ; marreine, demoiselle Claire Trœil, épouse du sieur F. Vidal ;
présans, ledit sieur Amblard, père, et *M*ʳ *M*ᵉ (2) ; François

(1) BACQUET : *Du Droit de franc-fief.* chap. X, p. 55. n° 1.

(2) Quel dommage qu'on ne puisse pas convertir cette double abréviation
Mⁱ Mᵉ (*Monsieur Maître*) en *Monsieur Messire !* Hélas, la science paléogra-
phique est implacable !

Trœil, avocat au Parlement, oncle; Dalbin, prêtre; Amblard, François Treil, signés au registre (1).

En résumé, *Monsieur Maître* Treil, tenant une charge anoblissante seulement à la troisième génération, ne pouvait, par conséquent, devenir noble que dans la personne de ses petits-fils.


V


MONSIEUR LOUIS-CHARLES-ARTHUR DE TREIL NE PEUT ÊTRE BARON DE PARDAILHAN, PUISQUE LES SIENS ÉTAIENT INCAPABLES DE L'ÊTRE DANS LE PASSÉ.


Le *vieux Mémoire* nous apprend que Joseph Treil fut un bourgeois artificieux (2); nous allons établir à présent que son fils François fut un baron artificiel. Son incapacité pour s'assimiler le titre susdit a été longuement expliquée ailleurs. Nos arguments et les textes qui les appuyaient étant tous restés debout (3) : nous n'avons pas à recommencer la démonstration. Nous nous bornerons à

---

(1) Pour extrait certifié conforme,

Délivré à la mairie, à Saint-Pons, le 15 septembre 1868 :

*Le Maire,*

XAVIER BOUISSON.

Vu pour légalisation de la signature de M. Xavier Bouisson, Maire de la ville de Saint-Pons, ci-dessus apposée.

Au Palais de Justice, à Saint-Pons, le 18 septembre 1868 :

*Le Président du Tribunal,*

AMÉDÉE GARDES.

(2) Voir ci-dessus, page 14.

(3) Voir mon premier *Mémoire* pour M. le comte Jules de Pardaillan p. 77 et suivantes.

quelques considérations additionnelles et à l'analyse d'un document qui sera le grand cheval de bataille de nos adversaires, peu difficiles à démonter.

Les 400 ans de vieille extraction exigée par certains juristes, et de 100 ans par Despeisses pour profiter d'un titre attaché authentiquement à une terre, faisait défaut à François Treil, puisqu'il n'avait en lui qu'un tiers de noblesse. Concédons-la lui toute entière, par suite d'une période de 25 années de judicature. Il n'eût été aucunement dans les conditions requises, car il fallait être noble de longue date et non fraîchement anobli par son emploi (1). On a vu qu'il ne l'était pas encore en 1739, puisque, au baptême de sa nièce Marie-Monique Amblard, il se qualifie modestement de *Monsieur Maître*. Sous quelque aspect qu'on envisage la question, au point de vue juridique, François Treil se trouve immariable avec une baronnie quelconque, surtout avec celle de Pardailhan, qui fut toujours idéale.

L'on objecte le précédent du président de Portes, qui s'était quelquefois décoré du titre de baron de Pardailhan. D'abord, cette fantaisie particulière ne pouvait

(1) Les réflexions suivantes de M. Semainville, *(Code de la noblesse* p. 368), s'ajustent très-bien ici.

« Il est bon de remarquer ici que l'arrêt du 19 mars 1667, par lequel le
» conseil réglant les preuves à faire par les nobles de race, exigeant que ces
» preuves de leur nue-possession remontassent pour eux, leur père et leur
» aïeul, à l'an 1560, ne concernait qu'eux seuls, et nullement les nobles
» d'office, ou plutôt les anoblis, par les charges de leur père et de leur
» aïeul.

» Cela est si vrai, que selon cet arrêt, toute preuve de noblesse de race
» était inutile pour ceux dont les auteurs seraient prouvés par titres plus
» anciens, avoir été roturiers. Comme nécessairement les nobles d'offices
» ne l'étaient devenus que par les charges de leurs père et aïeul, ils n'é-
» taient que de véritables anoblis, et leur anoblissement supposait nécessai-
« rement un état de roture antérieure. »

jamais constituer un état régulier. Toute création de ce genre, procédant de l'initiative individuelle, était chimérique comme celle de MM. de Treil, de nos jours, s'improvisant eux-mêmes comtes. En admettant de telles choses, M. de La Mare, quittant son premier nom pour prendre celui d'une flaque d'eau, eût eu le pouvoir d'ériger en fief la vase de son trou. La seigneurie de Pardailhan ne fut jamais élevée au rang de baronnie : seulement, Joseph de Portes, suivant l'usage du temps, qui répugnait au titre personnel pour donner la préférence à la forme domaniale, déplaça la dignité de baron, qui résultait de son grand office (1), et la transporta de sa tête à l'une de ses possessions. C'était anormal au superlatif ! Aussi, la qualité étant personnelle, ne pouvait rester au fief non érigé par lettres-patentes. Lorsque Joseph de Portes vendit la terre de Pardailhan, il eut soin de ne pas assigner et définir son titre, sachant bien qu'elle n'en avait point. Luimême se qualifia de Portes de Pardailhan, et non baron de Pardailhan, sans doute pour ne pas donner à l'acheteur un mauvais exemple. On m'observera peut-être qu'en l'acte d'aliénation de la terre, le président de Portes devait renoncer à garder le titre : pourquoi donc ? puisqu'il retenait le nom du fief au moment où il cessait de le posséder.

Cet éminent magistrat, versé dans le droit féodal, savait très bien que mettre un rang non officiel et non reconnu dans un contrat, c'était faussement attribuer au

(1) C'est ainsi que François de Beaulac, président, grand voyer de France, trésorier général des finances et intendant des gabelles de Languedoc, à la Cour des Aides de Montpellier, devient baron par la qualité de ses fonctions, titre personnel qu'il transporta à la seigneurie de Pezens, dans le bailliage de Béziers.

sol un attribut de sa personne. De plus, l'incapacité de son acquéreur, notoire pour tout le monde, et surtout pour M. de Portes, son voisin, commandait à celui-ci de ne pas laisser préciser un titre quelconque dans le contrat. Il se contenta donc d'introduire la formule générale et ordinaire, qui se présente toujours en pareil cas, quand il s'agit d'un bien féodal : *avec le titre de dignité qui peuvent y être attachés*, c'est-à-dire s'il y en a. Pour moi, en acceptant cette transcription, sur papier libre, du contrat communiqué après sommation par M. Arthur de Treil; je présume une erreur du copiste et la confusion dans le verbe *peuvent*, du pluriel avec le singulier de la troisième personne, ainsi que de l'indicatif avec un autre temps; l'acte devait porter *qui pourrait y être attachés*; l'emploi du conditionnel était prudent en cette circonstance.

Les Brugairous, qui précédèrent les de Portes en la possession de Pardailhan, étaient uniquement seigneurs de ce lieu (1), qualité dont les de Portes se contentèrent (2), jusqu'à l'avènement de l'un d'eux à la présidence du Parlement de Toulouse; on sait que cette dignité impliquait celle de baron. François-Joseph de

______

(1) « Le 7 novembre 1665, a esté Jean de Brugairous, baptisé (*sic*), nay le » sixième du dit mois, fils légitime de *noble* Marc de Brugairous, *seigneur de* » *Pardelia* (Pardailhan), et de demoiselle Suzanne de Verdiguier, mariés; » le parrain, a été *noble* Raymond de Pleyses, sieur de La Planque, et la » marraine, demoiselle Marie du Cailar, femme de *noble* Jean-Jacques de » Guibal. » (*État civil de Saint-Pons*, registre coté L. 2, allant de 1655 à 1666, folio 226. — *Archives de la Mairie*).

(2) « Le vingt-septiesme octobre mil sept cent douze, à trois heures » après-midi, est décédé dans la communion de l'Église, *noble* François » de Portes, seigneur de *Pardailhan*, conseiller au Parlement de Toulouse, » résidant à Saint-Pons. » (*État-civil de Saint-Pons*, registre de 1672 à 1729. — *Archives de la Mairie*.)

Portes, à la faveur de la tolérance et de l'habitude du temps, put convertir le titre individuel en titre terrien; le père, simple conseiller, ne songea jamais à se faire baron, n'ayant point le même motif ou plutôt le même office que son fils, le président. Eux, du moins, étaient sortis de vieille souche, et non du négoce comme les Treil. Ceux-ci, avant 1751, ne sont jamais qualifiés nobles, les de Portes le sont toujours, ainsi que dans les actes ci-dessous :

« Le 30 septembre 1759, a esté baptisé Jean-François » de Portes, fils de *noble* François de Portes et de » demelle Marie de Guibbal, mariés; le parrain a esté » noble François de Belot, sieur de Coste, etc. (1). »

« Le 10 octobre 1760, a esté baptisé Jean de Portes, » fils de *noble* François de Portes et demelle Marie de » Guibbal, etc. (2). »

« Le 17 octobre 1664, a été baptisé Marie-Angélique » de Portes, fille de *noble* François de Portes et de » demoiselle Suzanne de Guibal, mariés; son parrin » a esté *noble* Marquis de Brugairous, *seigneur de* » *Pardaillan* (3). »

L'*Armorial général de France*, dressé par d'Hozier, et conservé à la Bibliothèque impériale, section de manuscrits, en son état du 6 février 1699, enregistre le nom et le blason des de Portes, sans les baroniser « FRANÇOIS » DE PORTES DE PARDAILHAN, » *D'or, à un annelet de sable, parti d'azur* (4).

---

(1) *État-civil de Saint-Pons,* registre coté L 2, allant de 1655 à 1666. (*Archives de la Mairie.*)

(2) *Idem.*

(3) *Idem.*

(4) *Armorial de France.* — Toulouse—Montauban, vol. 14, fol. 1466.

La hardiesse de François Treil dans la prise du titre de baron, semble avoir été servie par le procès de son père qui avait été réduit à des précautions extraordinaires, toujours d'après un passage du *vieux Mémoire* précité, qui est relatif au retranchement des inscriptions baptistères et autres, concernant les Treil. Je ne me permets pas d'interpréter à ma façon dans une matière aussi délicate, et je cède la parole au Mémoire du siècle passé :

« Pourquoi donc ses faux témoins ne voulurent-ils point
» avouer ni convenir du degré, puisqu'ils connoissoient par-
» faitement l'un et l'autre ? Cette réticence frauduleuse avoit
» pour objet la conservation de leurs fausses dépositions, et le
» salut de Treil, leur parent; ils savoient d'ailleurs que les
» registres de baptêmes, sépultures et mariages, ne se trou-
» voient plus, comme il est prouvé par les certificats que
» l'Exposant rapporte. Ces faux témoins se flattaient donc
» qu'il serait impossible à l'Exposant de prouver la parenté
» ou l'alliance, ou que du moins, il ne parviendroit pas à en
» constater le degré. Leur espérance est trompée (1). »

Je ne veux accompagner la reproduction d'un tel fait, d'aucun commentaire.

En 1760, sur les Tablettes obituaires, Alexandre Treil, frère de François, est qualifié *Monsieur Maitre,* qui est l'équivalent de bourgeois.

« L'an mil sept cent soixante, et le premier jour de l'an, a
» été enseveli Mr Me Alexandre Treil de St-Martial, citoyen
» de St-Pons, etc. (2). »

(1) *Mémoire contre Joseph Treil*, page 129, dernier alinéa.

(2) *État-civil de la commune de Saint-Pons,* anciens registres ecclésiastiques.

Le mot noble n'est jamais placé devant son nom, ni dans son contrat de mariage avec Élisabeth Robert, ni aux baptêmes de ses enfants.

Il était d'usage, dans ces sortes de cérémonies, d'étaler toutes les distinctions de la famille pour qu'elles devinssent transmissibles aux enfants. Jamais noble ne négligea de s'énoncer tel, par la raison bien simple, que les contrats de mariage faisant foi devant les juges d'armes et les juges-mages, l'oubli de cette qualité entraînait la perte des prérogatives féodales. Les privilégiés du sol devenaient alors taillables et corveables. Il n'existe pas un seul exemple de nobles omettant de déclarer qu'ils l'étaient.

Or, Joseph Treil et Alexandre son fils, frère cadet de François, prétendu baron de Pardailhan, laissent inscrire leur nom sans réclamer la qualification de *noble* ou de *messire*, par l'excellent motif qu'ils ne le pouvaient pas. En compensation, leur beau-fils et beau-frère, Joseph Vidal, est désigné comme marchand.

EXTRAIT DU REGISTRE DES ACTES DE L'ÉTAT-CIVIL DE LA COMMUNE DE SAINT-PONS, CHEF-LIEU D'ARRONDISSEMENT, DÉPARTEMENT DE L'HÉRAULT.

### REGISTRE DE 1551 A 1765.

Après la publication du ban de mariage, à la messe de paroisse, dimanche dernier, la dispence de deux autres ayant été donnée par Monseigneur l'Évêque, entre Monsieur Alexandre Treil de St-Martial, fils légitime et naturel de Monsieur Joseph Treil, seigneur de Pardailhan, et de dame Marie Azaïs, mariés d'une part; et demoiselle Élisabeth Robert, fille légitime et naturelle de feu Monsieur Jean Robert, *docteur en médecine*, de St-Pons, et demoiselle Jeanne-

Roze Maurel, d'autre part ; nul empêchement n'ayant été découvert, je les ai conjoints en mariage le 23 février 1751. Présens : M. Joseph d'André, lieutenant dans le régiment de Dauphin-dragons ; et Jean-Jacques Tomassin, lieutenant grenadiers royaux, Joseph Vidal, *M⁴ fabriquant,* et Joseph Guiraud, aussi marchand fabriquant, qui ont signé avec nous. Theroy, prêtre, André Thomassin, Vidal, Guiraud, ~~Treil de~~ St-Martial, signés au registre (1).

Le futur, on vient de le voir, est appelé humblement *Monsieur* Alexandre Treil de Saint-Martial, et son père Joseph, tour à tour citoyen d'Olargue et bourgeois de Saint-Pons, se dit cette fois seigneur de Pardailhan, c'est-à-dire possesseur de cette terre (2), moyennant le droit de franc-fief.

L'année suivante, au baptême de Marie-Élisabeth Treil, née d'Alexandre Treil et de Marie Robert, le père et le grand-père ne sont pas plus qualifiés nobles que précedemment. Le susdit Alexandre, lors de son décès, ne le fut pas davantage sur les registres de la paroisse de Saint-Martin-du-Jaur (3).

(1) Pour extrait certifié conforme,

Délivré à la mairie, à Saint-Pons, le 15 septembre 1868 :

*Le Maire,*

XAVIER BOUISSON, *signé.*

Vu pour la légalisation de la signature de M. Xavier Bouisson, Maire de la ville de Saint-Pons, ci-dessus apposée.

Au Palais de Justice, à Saint-Pons, le 18 septembre 1868.

*Le Président du Tribunal,*

AMÉDÉE GARDES.

(2) Bien qu'il ne le fût peut-être pas, puisque l'acheteur était son fils ; mais le mot seigneur faisait bien.

(3) A Saint-Pons. — *Voir* ci-dessus, page 53.

Il ne pouvait l'être par la raison que son père ne l'était pas et qu'il ne tenait pas, comme son frère, une charge communiquant une fraction de noblesse.

Ainsi, le père est bourgeois, le fils cadet aussi ; comment, entre ces deux négations, François, le fils de l'un et le frère de l'autre, trouve-t-il le moyen de s'affirmer non-seulement noble, mais baron, quand tous les feudistes exigent quatre cents ans de gentilhommerie et cent ans au minimum pour profiter d'un tel rang inhérent à une terre ? D'où il suit que François Treil prit une dignité qui n'existait pas, à l'aide d'une noblesse qui n'existait pas davantage.

Thomas-François de Treil, dont la fonction militaire, après la judiciaire de son père François, ne constituait qu'un second échelon de noblesse graduelle, n'avait pas non plus celle de race ; il était donc dans l'impossibilité de relever le titre de baron et de le transmettre à son fils, Joseph-Louis-Marie-Alexandre de Treil, auteur de M. Louis-Charles-Arthur de Treil.

MM. de Treil avouent naïvement avoir acheté le titre de baron, qui ne fut jamais aliénable de cette façon (1), toujours en admettant qu'il fût réel. Faisons maintenant une hypothèse hardie, et attribuons à la partie adverse une légalité de situation qu'elle n'eut jamais. Les titres étant créés, ainsi que nous l'avons dit dans notre assignation, pour récompenser des services, et non pour favoriser des trafics, un marché de ce genre ne pouvait être

(1) « Autrefois la noblesse était une récompense de la vertu ; aujourd'hui elle est devenue une tradition de la fortune, et souvent une récompense du vice. Vingt ans de belles actions ne peuvent faire un noble, et vingt ans de concussion en font mille. » (*Saint-Evremont.*)

valable en l'absence de sanction-royale. Où est la vôtre,
M. Louis-Charles-Arthur de Treil ?

En définitive, pour pallier vos prétentions, vous devez
nous apporter les preuves de cent ans de noblesse, sans
que la roture de votre famille soit antérieurement apparente. Vous devez nous représenter les lettres d'élévation
de la terre de Pardailhan en dignité, et, de plus, la ratifica-
tion monarchique. A la place de ces trois pièces constituti-
ves qui n'ont jamais existé, vous mettez une énonciation
dictée par les vôtres dans les actes privés, reçus par des
officiers publics n'ayant aucune autorité pour contrôler ou
contredire ces audaces. Les tribunaux, se conformant à la
législation ancienne et nouvelle, repousseront un titre
démenti par les faits et par la nature d'une origine moins
fabuleuse, hélas ! que l'érection de la terre de Pardailhan
en baronnie.


VI


L'ACTE OU FRANÇOIS TREIL PREND LE DOUBLE TITRE DE
BARON DE LA CAUNETTE ET DE PARDAILHAN, TOURNE
CONTRE NOS ADVERSAIRES.


Les moyens défensifs de MM. Treil sont fragiles. Je
cite leurs conclusions :

« Attendu, d'une part, que la terre de Pardailhan avait
» été érigée en baronnie, puisque le possesseur de cette
» terre, à qui François de Treil l'acheta en 1751, portait
» le titre de baron de Pardailhan, ainsi que cela résulte
» de lettres-patentes à lui délivrées en 1747 et 1752. »

Cet argument est faible : de ce que M. Auguste-Frédéric de Treil, avant 89, se serait fait appeler comte de

Pardailhan, par son concierge, comme il le fait aujourd'hui, la terre de ce nom, du même coup, serait devenue comté. Nous avons expliqué comment les de Portes, gentilshommes et haut dignitaires du Parlement, s'étaient qualifiés barons, et pourquoi les Treil, leurs successeurs, roturiers ou aspirants nobles, ne pouvaient l'être. Je trouve obscur le dernier membre d'une phrase des conclusions, où il est dit : *à qui François de Treil, l'acheta en 1751, portant le titre de baron de Pardailhan, ainsi que cela résulte des lettres-patentes à lui délivrées en 1747 et 1752.* A la manière dont cette dernière période est disposée, on croirait que les lettres-patentes concernent la seigneurie de Pardailhan, tandis qu'au contraire elles se rapportent à la terre de Mons, érigée en marquisat sur la tête de François-Joseph de Portes, président aux Enquêtes du Parlement. Voilà bien les lettres-patentes telles que je les réclame, non pour la terre de Mons, étrangère aux Treil et à nous, mais pour justifier la baronnie de Pardailhan. MM. Treil ont dû voir par ce spécimen de la chancellerie ancienne, de quelle manière on procédait à la création des prééminences territoriales. Quand ces prérogatives n'étaient pas accordées par la main du roi, aucune initiative individuelle ou aucun simulacre domestique, on le devine, ne pouvaient les produire. Je comprends très bien que François-Joseph de Portes ait préféré la dignité très régulière et très effective de Mons à celle de Pardailhan, qui était seulement fictive.

De la double qualification de baron de la Caunette et de Pardailhan, inscrite dans l'hommage de 1768, MM. Treil concluent qu'ils la tiennent légitimement. Halte-là ! Ce n'est point François Treil qui se présente pour rem-

plir le devoir féodal, mais un mandataire du nom de
Bénézech (1). S'il était venu en personne débiter ses
titres, il aurait pu être réduit à la preuve ou être pour-
suivi. François Treil, d'ailleurs, étant membre de la Cour
des Aides, avait grande chance de ne pas être inquiété
par ses collègues, en prenant un détour. Je raisonne
comme si François Treil avait dénombré pour la baronnie de Pardailhan, tandis que le susdit, fondé de pou-
voirs, fut uniquement délégué pour celle de la Caunette.
La procuration avait été rédigée sous l'œil et sous l'inspi-
ration de François Treil lui-même, devant un notaire,
qui n'avait pas mission pour censurer les désignations
honorifiques introduites par l'intéressé.

Ainsi, l'acte qui sert d'assises aux prétentions de
M. Treil, se tourne contre eux. Il prouverait une double
usurpation si je me donnais la peine inutile d'établir que
la Caunette n'était pas plus baronnie que Pardailhan.


## VII


LA QUALIFICATION DE *MESSIRE* DONNÉE A JOSEPH TREIL, LE
MARCHAND, LE BOURGEOIS, DANS LE CONTRAT DE MARIAGE
DE SON FILS FRANÇOIS, PASSÉ A PARIS, LE 29 JUILLET
1752, ENLÈVE A CET ACTE TOUTE AUTORITÉ.


Les métamorphoses sociales des Treil éclipsent celles
d'Ovide. Le 29 juillet 1752, François Treil, accompagné

---

(1) « Et ce, en la personne de M. Bénezech, procureur en la Cour, fondé
» de la procuration dudit sieur Treil de Pardailhan, en date du quatorze de
» ce mois, remis par Mᵉ Coulon, notaire à Sᵗ-Chinian, d'une part :
» Et le procureur du roy, défendeur, d'autre... »
« La Cour a ordonné et ordonne que ledit Bénézech, en la qualité qu'il

de son père, vint à Paris célébrer son mariage avec Marie Ragon, fille d'un ancien trésorier de France (1). Un miracle qui aurait dû faire oublier celui des noces de Cana, se produisit au contrat de mariage.

Joseph Treil, le marchand, le bourgeois, le banquier de Saint-Pons et le cousin de tous les ouvriers de la ville, est tout à coup, par l'effet de son arrivée à Paris et du changement d'air, transfiguré en MESSIRE *Treil, seigneur de Saint-Martial* et *de Saint-Jean*. Nous sommes en pleine féerie : l'enchanteresse qui avait opéré cette merveille, c'était la vanité filiale de François Treil, le futur, combinée avec la complaisance paternelle. Dans les conditions de naissance et d'ambition où il se trouvait, François Treil, appelé *Monsieur Maître* en 1739, était mal à l'aise en son pays pour se qualifier noble, écuyer et baron. Le procès et le Mémoire de 1745 devaient, en outre, contrarier ses projets de belle alliance et de grosse dot. Ce rêve n'était possible qu'à distance du sol natal ; car chez lui, en fait de noblesse, il n'eût jamais été que sonneur, tandis qu'au loin il avait chance de se faire passer pour évêque. C'est ce qu'il fit.

Affublé de titres d'emprunt, François Treil ne voulut pas laisser son père en déshabillé bourgeois : c'est alors qu'il l'accoutra de la façon aristocratique que l'on vient de voir. Ceci se passait six ans après le terrible et retentissant procès où la parenté et le mercantilisme de Joseph Treil, mis à nu, ne laissaient guère pressentir le *Messire* futur.

---

» procède, sera reçu à foy, homage et serment de fidélité qu'il doit au
» Roy, pour raison de la baronnie de la Caunette...... (*Copie communiquée*
» *par la partie adverse.)*

(1) Les Ragon, à cette époque, n'étaient pas encore nobles, malgré leur fonction.

François Treil n'avait qu'un petit bout de noblesse graduelle, s'exerçant en avant et non pas en arrière, c'est-à-dire profitable aux descendants et non aux ascendants. Eh bien! François Treil, par un effet magique de recul, analogue à celui du billard, fit passer soudainement à son auteur la noblesse entière, quand la sienne n'était que partielle.

L'année précédente (1751), lorsque fut solennisé le mariage d'Elisabeth Robert avec Alexandre Treil, deuxième fils de Marie Azaïs et de Joseph Treil, celui-ci s'était montré beaucoup plus modeste qu'à Paris, le 29 juillet 1752 : il n'avait pas encore découvert sa qualité de *Messire* (1). C'était cependant le moment de la faire contrôler par des concitoyens plus capables que les Parisiens d'apprécier sa valeur.

C'est pourtant sur des comédies pareilles que nos adversaires basent leurs prétentions. La qualification de *Messire* donnée au père, nous permet de mesurer la valeur de celle du fils.

Joseph Treil laissa à Paris, ou perdit au retour, la qualité de *Messire*. Rentré à Saint-Pons, il reprit ses humbles allures, content de son illustration d'un jour. Le 18 janvier suivant, vint au monde Marie-Elisabeth Treil de Saint-Martial, nouvelle fille de son fils Alexandre. A la cérémonie du premier sacrement, il est témoin, mais il n'est plus *Messire*.

« Marie Elisabeth Trail de St-Martial, fille légitime et naturelle de M<sup>r</sup> Alexandre Trail de St-Martial et de Elisabeth Robert, née le 18 du mois de janvier, fut baptisée 1 21 dud. mois par M<sup>e</sup> Canivenge, vicaire de la paroisse;

(1) Voir ci-dessus, l'extrait de mariage, page 54.

son parrain, M⁰ Pierre-Joseph Maurel, avocat en Parlement,
oncle de la d. demoiselle, sa marraine, Madame Marie Azaïs,
épouse de *M. Trœil*, sa grand'mère; tous citoyens de Saint-
Pons. En présence de M. Trœil St-Martial, son père, de
*M. Trœil, grand-père*, et de M. Roger, M⁰ des Eaux-et-Forêts,
son cousin. » — *Treil Saint-Martial, Canivenge, Maurel, Trœil,
Roger.* »

Alexandre, second fils de Joseph Treil, marchand à
Saint-Pons, devenu Messire à Paris, étant resté sur place,
ne changea point sa manière d'être, et, en 1760, il était
*Monsieur Maître*, c'est-à-dire, bourgeois (1).

(1) Neuf mois avant, Joseph Treil, au mariage de sa petite-fille Jeanne, n'est
rien du tout : il se réserve sans doute pour la grande occasion de Paris, où
il sera débarrassé du regard importun et railleur de ses compatriotes.

« EXTRAIT DU REGISTRE DES ACTES DE L'ÉTAT-CIVIL DE LA COMMUNE DE
» SAINT-PONS, CHEF-LIEU D'ARRONDISSEMENT, DÉPARTEMENT DE L'HÉ-
» RAULT. »

### REGISTRE DE 1751 A 1765.

« Marie-Jeanne Treil de St-Martial, fille légitime et naturelle d'Alexan-
» dre Treil de St-Martial, et de dame Élisabeth Robert, mariés de St-Pons,
» est née le 4 du mois de septembre 1751, et a été ondoyée à la maison pa-
» ternelle par Monsieur Abbal, M⁰ chirurgien de la ville, en présence de Ma-
» demoiselles Vidal et Maurel. Jai suppléé, le 17 du dit mois, aux cérémonies
» du baptème. Le parrein a été *Joseph Treil, habitant de St-Pons*, et
» demoiselle Jeanne-Rose Maurel a été la marreine, ses grand-père et
» mère. Présens : Mathieu Pradier, de Clermont de Lodève, et Joseph Vidal,
» marchand fabriquand de St-Pons; *signés* : Treil, Pradier, Vidal et Caunell,
» pⁿᵉ, au registre. »

Pour extrait certifié conforme,

Délivré à la Mairie, à Saint-Pons, le 15 septembre 1868 :

*Le Maire,*
XAVIER BOUISSON, *signé.*

Vu pour la légalisation de la signature de M. Xavier Bouisson, Maire de
la ville de St-Pons, ci-dessus apposée.

*Le Président du Tribunal,*
AMÉDEE GARDES, *signé.*

Joseph Treil, avant de faire évolution de caste et de se travestir en *Messire,* aurait bien fait de méditer cette pensée de Fléchier :

« Un gentilhomme qui s'abaisse jusqu'à prendre l'air
» et les manières d'un bourgeois, et un bourgeois qui
» s'élève jusqu'à prendre les manières et l'air d'un
» gentilhomme, sont deux masques qui font rire tout le
» monde, et qui le divertissent (1). »

Nous remercions sincèrement Louis-Arthur de Treil de nous avoir communiqué le contrat de 1752, qui établit si clairement le point de départ de l'usurpation et les procédés primitivement mis en jeu pour la faire aboutir. La qualification de *Messire* donnée à Joseph Treil, suffit pour enlever à l'acte qui la contient toute autorité.


## VIII


JEAN-ALEXANDRE-VINCENT-DE-PAULE DE TREIL, SECOND FILS DE FRANÇOIS, NÉ LE 12 JANVIER 1762, N'ÉTAIT PAS NOBLE, ET SON INSCRIPTION DE BAPTÊME NE PEUT RIEN CONTRE L'ÉVIDENCE DES FAITS ET L'AUTORITÉ DES LOIS ALORS EN VIGUEUR.


Dans ses matériaux manuscrits, Alexis Monteil signale plusieurs Mémoires consacrés à des études *sur la noblesse antérieure à la révolution.* Dans l'un d'eux, il est démontré que celle provenant de charges était uniquement transmissible au fils aîné de l'acquéreur, qui en profitait à l'exclusion de ses autres frères. D'après le

(1) *Réflexions sur les différents caractères des hommes.*

même auteur, l'individu appelé à la recueillir devait prouver préalablement qu'il était digne d'être noble.

En adoptant cette doctrine, Jean-Alexandre-Vincent-de-Paule de Treil, deuxième fils de François et de Marie Ragon, fut enregistré *noble*, illicitement : d'abord, pour la raison ci-dessus qui fait recueillir par l'aîné seul l'hérédité de la noblesse graduelle ; et ensuite, pour la raison ci-dessous. Le nouveau-né ne pouvait être tout à fait noble, puisque son père ne l'était que dans la mesure d'un tiers, en vertu de son office. L'enfant, plus tard, continuant la charge, aurait gagné un autre tiers, et son fils prenant la place, aurait complété la dernière lacune. En le faisant inscrire *noble*, les parents de Jean-Alexandre-Vincent-de-Paule outre-passèrent leur droit ; mais ils ne purent le faire recevoir pour cela dans la noblesse, dont le catalogue était officiellement dressé. Aussi, lors de la réunion des États généraux, François ou son fils furent convoqués pour la nobilité de leur terre, tandis que Jean-Alexandre-Vincent-de-Paule ne le fut pas du tout, car il n'avait ni la noblesse personnelle, ni domaniale.

Dans la communication de cette pièce par la partie adverse, la fin a été omise (1). Il est vrai que l'adjectif noble placé devant François de Treil, baron de Pardailhan, contrastait avec l'humble qualité de *Maître*, que l'on donne à Jean Treil, son oncle. En effet, le mot *maître* et celui de *noble* ne furent jamais ni bons voisins ni pairs. Alexandre Treil, nommé à propos de sa femme,

-

(1) Voici les lignes omises sur la copie communiquée, après sommation, par M. Louis-Charles-Arthur de Treil.

« Son parrain a été M^e Jean Trel de Pardailhan, archidiacre du chapitre » de St-Pons, et sa marraine, dame Elisabeth Robert, veuve de Alexandre « Trel de St-Martial, qui ont signé avec nous. »

Elisabeth Robert, marraine du nouveau-né, a été également laissé dans l'oubli, sans doute parce qu'il n'avait pas songé, comme son frère, à s'anoblir et à se titrer.


## IX


MM. DE TREIL ONT ABUSÉ 2,228,700 FOIS PLUS QUE NOUS DE LA PUBLICITÉ, CE QUI NE LES EMPÊCHE PAS DE SE PLAINDRE DE LA NOTRE.


MM. de Treil assurent que l'expansion de notre premier *Mémoire* leur a été grandement nuisible. Selon moi, pour que nous fussions quittes envers eux, il aurait fallu distribuer, non pas 300 exemplaires, mais des millions. C'était le seul moyen de contrebalancer l'effet de la publicité donnée, durant dix ou douze ans, à la contrefaçon des titres et nom de Pardailhan :

1º Dans l'*Almanach du Commerce*, tiré à cent mille exemplaires par an, soit, pendant douze années.............. 1,200,000 exemplaires.

2º Dans l'*État présent de la noblesse*, dont la première édition a été de trente-cinq mille, et la seconde de trente, soit en tout....................... 65,000 —

3º Dans l'*Annuaire militaire*, qui, à quatre-vingts mille exemplaires par an, durant douze années, monte à....... 960,000 —

4º Sur les cartes de visite qui, à quatre-vingts par an pour chacun des défendeurs, fait, durant douze années, environ 4,000 —

TOTAL.......... 2,229,000 exemplaires.

Je ne fais pas entrer en ligne de compte la correspondance particulière.

MM. Treil ont donc propagé leurs prétentions dans deux millions cent soixante dix-neuf mille volumes. Nous faisons avancer sur leurs innombrables bataillons quelques centaines de brochures, et ils crient au désastre. On les croiraitsaccagés, tailladés : c'est pour panser leurs blessures que je fais ce factum, sans espérer reconnaissance. Quoiqu'il en soit, en dressant la balance au point de vue de la publicité, on trouve que les usurpations de comte et autres sont inscrites dans 2,179,000 livres, et que notre défense se résume à 300. La différence, à l'avantage de MM. Treil, est de 2,228,700. Ils ont donc abusé 2,228,700 fois plus que nous. Si nous demandions réparation financière en suivant leur proportion, la fortune passée, présente et future de toutes les branches y passerait. Par le stratagème de la demande reconventionnelle, pécuniairement parlant, ils comptent esquiver nos dommages et intérêts.

La plupart de nos envois ont été faits sur demandes : dans le nombre, beaucoup émanaient de magistrats de province. En se disant lésés, MM. Treil ont espéré tromper l'œil vigilant de la justice. Je crains bien que le résultat de ce calcul ne réponde pas à leurs espérances.

Que diraient donc MM. de Treil, si, à l'exemple de la famille Montmorency, nous avions publié notre Mémoire, comme le sien, dans la *Gazette de France* ou toute autre feuille quotidienne, tirant à 6,000 numéros; si, à chaque phase de l'affaire, nous avions envoyé à la presse des communications. Au lieu d'user largement de notre droit, nous avons discrètement répandu le *Mémoire* sur les points où MM. de Treil avaient fait la roue avec nos nom et qualité. Dans le procès d'Arblade, la brochure fut envoyée aux journaux; celle dirigée contre MM. de Treil ne l'a pas été : seul, le *Figaro* a résumé en quelques lignes le motif des poursuites intentées par M. le comte de Pardailhan. Il convient bien aux défendeurs de nous accuser d'avoir fait le moins quand nous pouvions et devions faire le plus.

X

MESSIEURS DE TREIL N'ONT PAS D'ARMES, S'ILS N'ONT PAS DE LETTRES DE CONCESSION POSTÉRIEURES A 1751.

MM. de Treil ont l'imprudence, dans leurs conclusions, de parler de leurs armes. Je me permettrai de supposer qu'ils n'en ont pas. On ne les délivrait aux gens de robe qu'après l'expiration de la noblesse graduelle. Or, les aïeux de MM. de Treil n'ont point parcouru les trois périodes. Le blason qu'ils portent, avec quelques variantes d'émaux (1), est celui des Treille du Rouergue, des La Treilhe du Montalbanais et d'ailleurs, avec lesquels nos adversaires n'ont rien de commun. S'ils avaient été nobles ou simplement bourgeois (2) avant 1720, leurs armes, précédées de leur nom distinctif, seraient enregistrées dans l'*Armorial de d'Hozier* : elles s'y trouvent, mais pour le compte d'autrui.

_______

(1) Qui ne modifie pas la constitution du champ. Des méchants prétendent que le blason de MM. de Treil, avec son cep de vigne, symbolise l'ivresse et la chute de l'orgueil.

(2) Nous y voyons entre autres : « N. TREILHE, BOURGEOIS DE VILLENEUVE, JURIDICTION DE VILLEFRANCHE : *D'or, fretté de sinople.* »

Louis de la Treille de Sorbes, prieur d'Ussade : *D'or, à un cep de vigne de sinople, fretté de trois raisins de pourpre et accolés à un échalas de sable* (3).

Zacarie Latreille, avocat a Montauban : *D'or, à cinq feuilles de vigne de sinople, posées en saut* (4).

Jeanne de la Treille, veuve d'Emmanuel de Ferragut : *De gueules, à une fasce d'argent, chargé d'une grappe de raisin d'azur, accosté de deux feuilles de vigne de sinople* (5).

Les Treil qui, d'ailleurs, à la date des précédentes inscriptions héraldiques orthographiaient leur nom Truel, ne figurent pas dans l'*Armorial*.

En l'absence de lettres de concession postérieures à 1751, MM. les défendeurs n'ont pas d'armes; s'ils ne prennent pas celles de la maison Pardailhan, ce qui sera examiné au Tribunal, nous n'avons pas à nous inquiéter de leur légitimité. Plaise au ciel qu'elles ne soient pas de même matière que la couronne de comte dont se sont coiffés MM. Armand et son frère Auguste-Frédéric de Treil.

## XI

LES MOYENS D'INTIMIDATION EMPLOYÉS PAR LE COLONEL ARMAND DE TREIL N'ONT BONIFIÉ NI SA CAUSE NI SA SITUATION OFFICIELLE.

Le colonel Treil, à l'instar de son frère, Auguste-Frédéric, a toujours eu le tic de se grimer en comte; ses cartes de visite portent la couronne à neuf perles ou

---

(1) *Armorial général de France.*Montpellier—Montauban, vol. 15, fol. 801. — *Bibliothèque impériale.* — *Cabinet des Titres.* »

(2) *Armorial général de France.* Toulouse—Montauban, vol. 14.

(3) *Ut supra*, fol. 1108.

branches ; si la qualification n'est pas mise devant son nom, c'est la faute des règlements militaires, qui, pour maintenir l'esprit d'égalité dans l'armée, ne permettent pas l'usage des distinctions honorifiques, au-dessous du grade de général. Madame Armand Treil, femme de l'ancien chef de la treizième légion, se comtifie en plein sur papier porcelaine. Les annuaires ne mentionnant pas cette usurpation, je m'étais montré bon prince et j'avais eu la délicate négligence de ne pas m'en souvenir, en rédigeant mon premier Mémoire. Ma critique n'avait atteint que M. Auguste-Frédéric Treil, le comte fantastique de la rue de Douai. Celui-ci, il est vrai, se prélassait depuis, 12 ans, sur l'*Almanach Didot*, *l'état présent de la noblesse*, et ailleurs avec un titre de sa fabrication. Déguisé en comte de Pardailhan, il refusait-systématiquement accueil à son nom patronymique. Lors de l'émission de mon Mémoire, un exemplaire lui fut adressé avec cette suscription : *A M. Auguste-Frédéric de Treil*, le factum fut renvoyé par le destinataire ou son concierge. L'expédition fut alors refaite au nom de *comte de Pardailhan :* cette fois, la brochure fut courtoisement reçue ; cette bienveillance, cependant, dut cesser après lecture.

Les deux frères ont dû avoir un grand souci et un grand embarras pour répondre au Mémoire et trouver les éléments de leurs conclusions tardives, car nous les espérons toujours depuis un an, sans les recevoir jamais.

Le colonel Armand Treil, peu confiant dans la solidité de ses prétentions, résolut d'employer l'intimidation pour faire renoncer M. le comte de Pardailhan à son procès. Mettant ses fonctions publiques, au service de ses rancunes privées, il écrivit au brigadier de Mézières, chef-lieu du canton de l'Indre, et par conséquent tout à fait en dehors de son commandement, pour avoir des renseignements secrets sur son adversaire (1); la lettre, en forme de questionnaire, portait en tête cette formule humble autant qu'affectueuse : *Cher camarade.* Voilà un colonel qui n'est pas fier, j'espère, vis-à-vis de ses inférieurs, malgré son ambition comtale. Même curiosité fut témoignée à mon endroit : elle fut même rehaussée d'une lettre anonyme ; je répondis par une signée, dans laquelle, après une verte correction, je me gaussais de son espionnage à pied et à cheval, de son chapeau à claque, et de ses procédés *idem*. Cela lui apprendra à être un peu plus vigilant pour ses actes, et un peu moins pour ceux d'autrui ; cela lui apprendra à ne pas saisir les choses du prochain quand son rôle était d'appréhender les personnes. Le résultat de ces nobles exploits à été, dit-on, la mise à la réforme de celui qui les avait accomplis; car, plainte fut portée par M. le comte de Pardailhan. Le retraité, malgré lui, paraît-il, a maintenant toute liberté pour aller s'édifier, dans les Archives de l'Hérault, sur l'illustration des siens. Je n'aurais point voulu lui faciliter sa besogne en lui fournissant des documents, mais il est venu mettre son nez de gendarme dans ma vie studieuse, et je me crois autorisé à lui restituer ses investigations, avec cette différence, que les siennes ont été occultes, et que les miennes ne le sont pas.

(1) Je prie instamment M. l'ex-colonel Treil, de me donner un démenti, et, le lendemain, je ferai la production des preuves, déjà offerte au ministre de la guerre et au commandant du 6ᵐᵉ corps d'armée, duquel relevait l'abus de fonction commis à Mézières.

## XII

MM. DE TREIL, EN ÉNONÇANT DANS LEURS CONCLUSIONS
LEUR HAUT LIGNAGE SANS LE PROUVER, LAISSENT CROIRE,
VU LEUR HUMILITÉ SOCIALE D'AUTREFOIS, QUE S'ILS ONT
DES PIÈCES NOBILIAIRES, ELLES SE RAPPORTENT AUX
TREILLES DU ROUERGUE, LEURS QUASI-HOMONYMES, ET
QU'ILS ONT TROP PRÉSUMÉ DE LA PARENTÉ DU RADICAL.

Alexandre Treil (1), lors de sa visite à Saint-Allais,
lui laissa des notes écrites de sa main, qui désignaient
Antoine Treil, le citoyen d'Ornac, le fermier du vicomte
de Thézan, comme noble et seigneur de la Roundinière.
Quand on cherche dans les compoix ou les vieux cadastres une apparence de droit pour de telles prétentions,
on voit la montagne accoucher d'une souris. De même
que la baronnie de Pardailhan, la Roundinière, en tant
que seigneurie fut toujours une fiction. C'était un petit
tènement de terre roturière payant la taille et par-
tagé entre plusieurs familles d'artisans, telles que les
Cazals frères, qui étaient fort nombreux et tous lotis,
les Thiéron, les Berlan, les Moustelon, les Carrière, les
Fouilhé (2). Ce domaine, découpé menu comme un
habit d'arlequin, occupait le flanc d'un monticule entre
Ornac et Olargues, villes qui furent les résidences des
Treil avant leur installation à Saint-Pons. Le lopin des

(1) Dans mon premier Mémoire, j'ai cru que c'était son oncle, Alexandre-
Vincent-de-Paule, qui avait fait la démarche auprès de Saint-Allais. L'identité
de prénom a causé mon erreur insignifiante.

(2) *Compoix de la commune de Saint-Julien, canton d'Olargues*, f° 173,
r° et v° 174, r° et v° 175, v° 474.

Treil était grand comme la main, si je m'en rapporte aux compoix de Saint-Julien et de Mons, commune de l'Hérault. Voilà pourtant où conduisent le démon de l'orgueil et la manie de l'ancienneté généalogique quand on ne l'a point. Les petits champs, par la baguette magique de l'amour-propre, sont convertis en domaines féodaux, et les chaumières en castels. Quand je commente ironiquement ces énonciations grossissantes, les adversaires crient à la calomnie, surtout si je fais intervenir la malice toute-puissante de Molière, de Montaigne, de La Bruyère, de Montesquieu, etc.

Ce changement, que nous venons de voir s'opérer dans les choses, va se produire dans les personnes :

Alexandre Treil, toujours dans le cahier laissé à Saint-Allais, ajoute la particule au nom patronymique de sa mère, Marie Azaïs. Il met, en outre, le mot *noble* devant celui de son grand-père, Joseph Treil, comme on va le voir : « Contrat de mariage de noble Joseph de Treil, » avec demoiselle Marie d'Azaïs ; il se dit fils de noble » Antoine de Treil. Cet acte est la minute même du no- » taire.» Cette précaution affirmative dut éveiller le soupçon de St-Allais, qui demanda communication des preuves de ce degré et des autres, sans pouvoir les obtenir jamais. Puisque Al. de Treil avait la minute du notaire, en 1815, son successeur, M. Louis-Charles-Arthur de Treil doit l'avoir encore, et le Tribunal prourra la contrôler avec soin. Ailleurs, Alexandre Treil fait une déclaration analogue pour Antoine, le tenancier du vicomte de Thézan : « Contrat de mariage de noble Antoine Truel, » du 9 décembre 1670, dans lequel il se dit fils de noble » Fulcrand de Treil et de feue demoiselle Catherine Car- « rière. » Tous les ascendants sont ainsi qualifiés et redressés jusqu'à Pierre de Treilles, vivant en 1392. Ce dernier, issu d'une famille de Rouergue, paraît être un prélat. Ainsi, à chaque génération, les Treil veulent, par tous les moyens, forcer la porte de la noblesse qui refuse d'ouvrir.

Une fois riches, les Treil convoitèrent la noblesse. Établis à Paris, loin de la censure provinciale, ils furent plus à l'aise pour substituer, à leur roture, dans l'État-civil, des simulacres de noblesse et pour se mettre en quête de titres. Leur nom, approximatif de celui des Treilles, rendait la trouvaille des documents plus facile que l'identification des individus avec la souche d'autrui. Etant cousins des Treilles ou des de La Treille, du Rouergue, au moins par le radical, M̄M. Treil présumèrent sans doute, l'être aussi par le sang. Ceci me remet en mémoire une historiette de la *Meaupeouana* (1) : M. le chevalier *Cromot*, dans sa généalogie, se donne pour ancêtre *Cromus*, chevalier romain. La parenté, en effet, est visible au datif, *Cromus, Cromi, Cromo*.

Un mystificateur dût proposer à François ou à Thomas, un acte de 1392, dont il vient d'être dit un mot. Il était relatif aux de Treilles ou de La Treille, qui eurent pour berceau le Rouergue. Dans ces lettres, le seigneur de Folleville, conseiller du roi et garde de la Prévôté de Paris, nommait un Pierre de Treille et le qualifiait écuyer. L'original étant aux Archives de Saint-Martin-des-Champs, une copie fut vraisemblablement offerte et vendue à Thomas-François de Treil, désireux d'enrichir ses papiers domestiqnes et de faire entrer avec leur aide, son fils, dans l'ordre de Saint-Jean de Jéru-

---

(1) *Meaupeouana*, tome I, page 282, note 2, vol. 1775.

salem. Or, le susdit Pierre de Treilles, *alias* de la Treille, n'est autre, selon moi, que Pierre-Henri de Treille, qui, devenu évêque de Rodez, accorda des privilèges à cette ville, le 12 avril 1218 (1).

Avant d'admettre ce Pierre de Treilles pour un Treil, il était indispensable, non point de rappeler son existence, mais de lui assigner sa place exacte sur l'escalier des générations de la manière la plus irrécusable. Cette précaution essentielle ayant été négligée, nous offensons nos adversaires en refusant la garantie de leurs illusions. Notre critique est diffamatoire, parce que le moindre coup de son petit doigt fait tomber des étages filiatifs de plâtre et d'argile, construits avec des éléments tout à fait disparates.

Guillaume de La Treille ou de Treilles, fut reçu chevalier de Saint-Jean-de-Jérusalem, dans la commanderie de Dreuilhe, dont ses devanciers avaient été les bienfaiteurs. Alexandre de Treil, jaloux de s'approprier ce personnage, recommandait à Saint-Allais des recherches qui *pourraient peut-être le réunir à la famille Treil.*

Ceux qui le représentent aujourd'hui, feront bien de se nantir un peu mieux en titres et un peu moins en présomptions fondées sur l'analogie nominale.

Mes préventions ne se dissiperont que devant la succession des contrats de mariage, remontant à 1392, en ligne directe et soudant solidement tous les chaînons de l'ascendance.

_______

(1) *Documents inédits de l'Histoire de France, tirés des collections manuscrites de la Bibliothèque Impériale et des Archives des départements,* publiés par Champollion-Figeac; tome III, page 12.

## XIII

LA LETTRE D'HENRI IV ADRESSÉE A UN M. DE TREYL (SANS PRÉNOM ), EST SANS VALEUR POUR DÉMONTRER L'ASCENDANCE DE MM. DE TREIL ; IL EST PLAUSIBLE , D'AILLEURS, D'APRÈS LES SERVICES TERRIENS ET INDUSTRIELS DE LEURS PRÉDÉCESSEURS, QUE LA MISSIVE NE LES CONCERNE PAS.

Henri IV avait à son service des Treil sortis de Bassoues, en Gascogne ; une lettre, à l'adresse d'un Treil, est dans les mains de MM. Treil qui espèrent en tirer grand parti devant la justice ; or, le prénom du personnage étant absent, son identité comme Languedocien ou comme Gascon est impossible ; ce qui n'empêche pas nos adversaires d'introduire ce document dans les pièces probantes. S'ils désirent une provision de ces personnages disponibles, portant le nom de Trolhiis, Treilles, Treil, à Nîmes, à Rodez, à Villefranche, à Bassoues, il nous sera facile de leur donner satisfaction : c'est avec |de tels matériaux que MM. Treil veulent graduer une généalogie. Malheureusement pour eux, le Tribunal demande la certitude d'après des preuves en règle, et non des hypothèses ou des inductions (1).

Le roi vert galant, suivant en cela l'exemple des auteurs contemporains, ne se piquait pas beaucoup d'orthographe en fait de noms propres ; il les défigurait, allongeait ou amputait sans pitié. Sous sa plume, les de Treille pouvaient très bien se transformer en Treyl, de

(1) Je renvoie pour plus ample informé, sur ce chapitre, à mon premier *Mémoire pour M. de Pardaillan contre M. Treil*, pages 22 et 23.

même que dans l'esprit des défendeurs les Treil d'aujourd'hui étaient, en 1392, des Treille. Eh bien! la missive d'Henri IV n'ayant pas de prénoms indiquant la véritable personne du correspondant, la plausibilité, en cette occurence, n'est ni pour les de Treil de Saint-Pons, ni pour ceux de Bassoues, mais pour une famille de Treille, de Villefranche, en Rouergue, distincte, elle aussi, de celle de l'évêque. Des lettres d'anoblissement, données à Meudon, en juillet 1723, me font incliner de ce côté, à cause des services militaires antérieurs des derniers Treille.

Dans les motifs qui ont inspiré la grâce du Roi, je remarque ci-après : « Étant d'ailleurs d'une des bonnes et » anciennes familles de Rouergue, laquelle avait toujours » vécu noblement (1). Un de ses grands oncles paternels, » capitaine de vaisseau, ayant rendu des services consi-» dérables et fini ses jours au siége de La Rochelle (2). »

Chose curieuse, MM. de Treil s'attribuent les armes de cet anobli, qui étaient : *de sinople ; à un cep de vigne d'argent, fretté de gueules rampant autour d'un échalas d'argent ; l'écu timbré d'un casque de profil* (3).

Puisque MM. de Treil se lancent dans les probabilités en s'appropriant une lettre qui est impersonnelle, par suite du manque de prénoms, je puis bien les imiter, en présumant qu'une famille de gens d'armes avait plus de chance de correspondre avec Henri IV, qu'une de fer-

(1) Que messieurs Treil notent bien ceci : les de Treille, de Villefranche, avaient vécu noblement, c'est-à-dire qu'ils n'avaient été ni tenanciers, ni marchands, ni banquiers.

(2) *Fonds d'Hozier. — Cabinet des Titres,* dossier de Treille. (*Bibliothèque impériale.*)

(3) *Fonds d'Hozier. — Cabinet des Titres,* dossier de Treille.

miers. Dans tous les cas, ce titre est sans valeur, puisque le rang du personnage, dont la désignation est insuffisante, ne peut être déterminé dans l'ordre des aïeux des Treil ou des Treilles. Sept à huit contrats de mariage, en remontant en 1392, feraient bien mieux notre affaire, mais ce ne serait pas à l'avantage de la partie adverse.

## XIV

MM. TREIL JUGEANT MON GENRE DE RÉDACTION DIFFAMATOIRE, NE SONT PAS D'ACCORD AVEC LA PRESSE, QUI LE TROUVE QUELQUEFOIS PIQUANT ET TOUJOURS CONSCIENCIEUX.

MM. Treil viennent se dire injuriés par moi, quand il n'ont été que chapitrés par Loyseau, Montaigne, La Bruyère, Montesquieu, etc., etc. Ce n'est point ma faute si ces critiques générales sont devenues particulières. Il est vrai que ces moralistes semblent avoir pensé à nos adversaires et à leurs ascendants en censurant les contrefaçons généalogiques de leur temps. Qu'on traduise, si l'on veut, ces grandes ombres à la barre du Tribunal de la Seine, mais qu'on ne fasse pas miennes des sévérités qui sont les leurs. Je voudrais bien les avoir émises, surtout dans cette forme supérieure, et pouvoir en assumer la responsabilité. Dans ce cas-là, les plaintes de MM. Treil m'honoreraient fort; elles me flattent déjà un peu, car elles me prouvent que mes citations et mes arguments ont porté juste.

Il me répugne profondément de faire intervenir ma personnalité dans une affaire où elle devrait se tenir en dehors, mais MM. de Treil, me provoquent à la

descente dans l'arène et m'obligent à prouver que mes
*Mémoires*, outrageants aux yeux de leur amour-propre,
sont consciencieux et peut-être piquants pour tout le
monde. C'est uniquement dans le dessein de faire ressortir
la différence du jugement, entre le public et les susdits
particuliers, que je vais glaner quelques lignes dans
les nombreuses et trop indulgentes appréciations, dont
divers Mémoires qui ne regardent nullement MM. de
Treil, ont été honorés. Le factum qui les concerne est
resté en énergie à 40 degrés au-dessous des autres, et
n'a point été livré à la presse. Ces Messieurs, néanmoins,
se disent victimes et font les superbes envers ma notoriété littéraire, que je crois pourtant préférable à leur
réputation nobiliaire. Voici quelques-uns des journaux
qui ont contribué à faire entrer cette fatuité dans mon
cœur et dans ma tête :

Extrait du journal LE TEMPS, n° du 28 Mars 1865.

« La revendication est soutenue avec une grande force, un
alent spécial et un style inusité dans cet ordre de travaux,
par M. J. Noulens, directeur de la *Revue d'Aquitaine*. La
répugnance naturelle pour les débats nobiliaires, s'efface
devant cette thèse particulière, à laquelle l'écrivain a su
donner un intérêt piquant, et une élévation philosophique. »

Extrait de l'INTERNATIONAL, journal quotidien, paraissant à Londres et à Paris,<br>n<sup>os</sup> des 26 et 27 Mars 1865.

« Les faits sont d'ailleurs établis avec une rare sagacité
par M. J. Noulens, le directeur de la *Revue d'Aquitaine*, un
des hommes les plus compétents de France dans la matière,
et dont le travail est assaisonné d'un esprit et d'une érudition
qui ne marchent pas toujours de pair dans les élucubrations
de cette nature. »

### Extrait de la GAZETTE DES ÉTRANGERS, n° du 27 Mars 1865.

« Ce travail, rédigé, par M. J. Noulens, directeur de la *Revue d'Aquitaine*, se distingue par une connaissance profonde de ces matières, l'entrain de l'esprit, et un style qui rajeunit, non sans besoin, la vieille jurisprudence. »

### Extrait du COURRIER DE MARSEILLE, n° du 7 Avril 1865.

« Nous venons de parcourir un Mémoire qui n'est que la préface d'un procès curieux : les faits qu'il contient sont piquants au superlatif. L'auteur, M. J. Noulens, directeur de la *Revue d'Aquitaine*, les expose et les commente avec un profond savoir et une sincérité divertissante. . . . . . . . . . . .
« Cette revendication a donné naissance au savant Mémoire de M. J. Noulens, qui éclaire d'un jour nouveau ces vieilles questions de jurisprudence. »

### Extrait du PROGRÈS, journal de Lyon, n° du 19 Mars 1865.

« Ceux qui prennent intérêt à ces questions, n'ont qu'à lire le Mémoire lumineux rédigé par M. J. Noulens, directeur de la *Revue d'Aquitaine*. La profonde science juridique et historique de ce travail, est relevée par une verve de bon aloi, une forme heureuse, et des révélations inouies. »

### Extrait du JOURNAL DE BORDEAUX, n° du 1er Décembre 1864.

« Ce que nous pouvons dire en toute assurance, c'est que M. J. Noulens s'est livré à des recherches historiques, biographiques et juridiques qui donnent un sérieux intérêt à son travail. Ce Mémoire sera lu avec curiosité et profit, Par son importance, il se recommande à l'attention du public. »

Extrait du JOCKEY, n° du 14 Mars 1865.

« Les faits sont du moins présentés de cette façon dans un savant Mémoire. . . . . . . . . . . . . . . . : . . . . . . . . . .

« Ce travail, infiniment curieux et plaisant, se distingue à la fois par des qualités littéraires fort rares dans ces sortes de sujets, et par une érudition qu'aiguise, un esprit fin et original. Il est signé J. Noulens, directeur de la *Revue d'Aquitaine.* »

Extrait du journal le NORD, n° du 15 Avril 1865.

« Le chef de la branche de P........., sans soulever aucune prétention personnelle, s'est décidé à intervenir pour mettre fin à cette usurpation. Il a fait rédiger par M. Noulens, écrivain sérieux, et au courant de l'histoire des familles du Midi, un Mémoire très complet et très amusant en même temps, et l'affaire est définitivement déférée aux tribunaux.

« J'indique les traits principaux, mais je me permets d'applaudir en finissant, car on ne saurait trop flageller de telles usurpations, bien plus nombreuses qu'on ne le croit. »

Extrait du JOURNAL DE LOIR-ET-CHER, n° du 17 Décembre 1865.

« La légitime revendication de M**** a donc pleinement réussi devant la justice. Elle avait déjà triomphé dans le public, grâce au lumineux Mémoire rédigé par M. Noulens, directeur de la *Revue d'Aquitaine.* »

Cette favorable opinion de la presse, assortie de celle des membres éminents du barreau et de la magistrature, me permet d'être indulgent pour les grands airs drôlatiques de M. Louis-Charles-Arthur de Treil, propriétaire des scieries hydrauliques d'Autricourt, recommandées dans les almanachs. Que ce personnage sache qu'un *sieur Noulens* (1), homme de lettres, comme il a daigné m'appeler, vaut au moins un *scieur de long* d'Autricourt, qui négligea le nom patronymique de sa mère sur son contrat de mariage, et qui oublie toujours et partout celui de ses pères, tenanciers, bourgeois et marchands de Saint-Pons.

## XV

### DANS LES CONCLUSIONS DE M. LOUIS-CHARLES-ARTHUR DE TREIL, LA QUESTION DE DROIT A ÉTÉ POSÉE DE TRAVERS.

MM. Armand et Auguste-Frédéric de Treil n'ayant pas fait connaître leurs conclusions, nous n'avons pas à discuter leur titre de comte extra-burlesque. Nous avons suffisamment insisté sur ce point en notre premier *Mémoire*, à l'égard de M. Auguste-Frédéric Treil, page 94, où l'on peut aller s'édifier et se réjouir.

Ce serait empiéter sur le terrain de l'avocat chargé de défendre la cause de M. le Comte de Pardaillan, que de traiter ici la question de droit, mais je ne puis m'empêcher de relever, en passant, cette hérésie des conclusions de MM. de Treil : « Attendu que sous l'ancienne » législation, et par application des usages du régime

---

(1) Se croirait-il encore au temps d'inégalité féodale, où son quatrième aïeul, Antoine Treil, serf de la veille, constatait avec orgueil qu'il etait libre en se disant citoyen d'Ornac, village de sept feux. Dans tous les cas, le mot *sieur* était périlleux de sa part, car il fait ressouvenir de l'appellatif appliqué au susdit ancêtre, *le sieur Antoine Treil*, sur le *Compoix de Mons et d'Olargues*, pendant que ses voisins, et peut-être ses maîtres, etaient qualifiés *nobles, vicomtes et marquis*.

» féodal, il était permis aux possesseurs de fief ou terre
» noble, de joindre à leurs noms de famille le nom de
» leurs terres ou fiefs. »

L'adjonction du nom de fief était au contraire expressément prohibée par la législation ancienne, qui se dresse toute entière ainsi que la nouvelle contre de tels abus. je vais rappeler mes citations, puisque je parle, comme dans l'évangile, à ceux qui ont des yeux pour ne point voir et des oreilles pour ne pas entendre.

Henri III rendit, en 1579, l'ordonnance de Blois, qui avait pour but de mettre un terme aux abus sans cesse renaissants du nom de seigneurie. L'article 211 frappait de nullité tous les actes où ne figurait pas seul le nom de famille. « Mais cet article, constate André La Roque, n'a
» pas eu tout l'effet qu'on s'était proposé, car bien des
» personnes, au lieu de l'observer, y ont contrevenu
» formellement, *ce que j'ay remarqué* dans des actes
» authentiques et publics. »

A l'assemblée des États, tenue à Rouen le 11 novembre 1596, les trois ordres, voulant réagir contre ce fâcheux état de choses, décidèrent, de concert, « que les roturiers
» et les hommes de basse naissance, et ceux mesmes qui
» avoient *acheté* des lettres de noblesse, ne pourroient
» porter les *nom* des *places, chasteaux* et *seigneuries*
» qu'ils auroient acquis; et qu'ils ne pourroient, en
» quittant leur *propre nom*, s'enter sur des familles no-
» bles dont ils auraient acheté des terres. »

L'ordonnance du 18 janvier 1629, article 211, enjoignait
« à tous les gentilshommes de signer uniquement du
» nom de leur famille et non de celui de leur seigneurie,
» en tous actes et contrats qu'ils feront, à peine de nullité
» desdits actes et contrats. »

Les motifs fournis par nos adversaires dans leurs conclusions ne me paraissent pas plus soutenables lorsqu'ils avancent :

« Qu'en pareil cas, il s'agit simplement de rechercher » en fait, par l'examen de toutes les circonstances rela- » tives à l'usage de nom, avant 1789; si leur but a été » de profiter d'un droit antérieur de la féodalité. »

Je n'ai pas à m'inquiéter ici de la jurisprudence, qui est variable, mais du droit qui ne l'est pas. Nous opposerons d'ailleurs, quand il en sera temps, les arrêts aux arrêts; nous l'avons déjà fait dans notre premier Mémoire, en rappelant celui obtenu par le duc de Brancas, et en reproduisant les jugements des tribunaux de Saint-Jean-d'Angely et de Châteauroux. Je ne crains pas de le dire, la doctrine contenue dans l'arrêt de Lyon, 24 mai 1865, et qui sert de contrefort à nos adversaires, est en désaccord avec ce principe éternel : Que ce qui est vicieux au commencement, ne peut devenir régulier sous l'influence des années. « *Quod initio vitiosum est,* » *non potest tractu temporis convalescere.* » (1)

Dans le droit romain, l'usurpation des charges et dignités ne pouvait, malgré sa longue durée, assurer aux descendants de ceux qui l'avait commise, le maintien de la condition qui en résultait; c'est là l'esprit et la lettre de la loi, 1 *eos* §. *Si pro milite* FF, *ad legem Corneliam de falsis,* c'est ainsi que l'interprète Bartole : *Qui sibi nobilitatem propriâ autoritate falso assu-*

_______

(1) L. 29 : *Dig. de regulis juris.* « L'usurpateur de mauvaise foi ne mérite › aucune grâce; celui qui est de bonne foi mérite indulgence; mais aucune » possession, quelque longue qu'elle soit, ne peut la légitimer. Il faut qu'il » renonce à la noblesse et qu'il indemnise pour raison des exemptions dont » il a joui. » (MAUGARD, *Remarque sur la Noblesse,* page 139.)

*munt, incidunt in crimen falsi, vel etiam in crimen majestatis.* —

La vieille maxime de la jurisprudence française : *Nemo potest sibi mutare causam possessionis, nec statum suum immutare,* a été confirmée par de La Roque : » Celui qui se dit noble sans l'être, commet une espèce de » faux, qui, selon la loi et les ordonnances, mérite une » peine ; le principe étant donc vicieux, quelqu'ancien » qu'il soit, il ne peut point donner de commencement » à un droit illégitime, ni servir de titre valable » (1).

L'usurpation de MM. de Treil présente donc le fâcheux caractère de celles que les tribunaux envisagent de mauvais œil, suivant Dalloz : « Les additions de » noms ont toujours été vues avec défaveur, surtout » lorsqu'elles sont un moyen pour les réclamants de se » procurer une illustration qu'ils ne trouvent pas dans » leur propre famille. »

Ailleurs, les conclusions de MM. Treil renversent toutes les notions de l'ancien droit et même du nouveau. Voici la thèse de nos adversaires :

« Attendu qu'en 1751, par contrat notarié du 7 mars, » noble *(sic)* François de Treil et escuyer *(sic)*, conseiller, » secrétaire du roi, a acquis la terre et seigneurie de » Pardailhan, avec le titre de dignité qui y est attachée, » et généralement tous les droits qui en dépendent. »

D'après ces motifs, François Treil, dont nous avons fait voir la roture et l'incapacité honorifique, commit une triple usurpation : 1º en se qualifiant noble ; 2º en se qualifiant écuyer (2) ; 3º en prenant un titre glebé (non

---

(1) De La Roque, *Traité de la noblesse et de son origine,* chap. IV, page 406.

(2) Un arrêt du 8 août 1582, rendu par la Chambre de l'Édit, infligea la

existant par dessus le marché), et qui, réel, lui était interdit. Je ne veux m'occuper que du dernier cas :

L'ordonnance de Blois, en 1579, article 238, déclara « que » tous les roturiers et non nobles, acquéreurs de fiefs, ne se- » raient ni anoblis ni mis au rang et degré des nobles, de » quelque revenu et valeur que soient les fiefs. » Le placard de 1616, qui détermina la noblesse des Pays-Bas et s'étendit à l'Artois, aux Flandres, au Hainaut, contenait des disposi- tions semblables : « Si lesdites terres, fiefs ou seigneuries, » décorés de titres relevés d'honneur, comme de baronnie, » vicomté, comté, marquisat, principauté ou duché, viennent » à tomber ès-mains de personnes non nobles, ou de qualité » nullement digne, ni correspondante à tels titres, cesseront » entièrement, comme éteints et réunis à notre seigneurie, » sans pouvoir être continués par tels nouveaux proprié- » taires. »

La nécessité de cette mesure fut générale. Les rois d'Es- pagne formulèrent dans leurs règlements, que « les roturiers » qui auront pris les qualités de marquis, comte, baron et » autres titres honorifiques des terres titrées qu'ils possèdent, » seront condamnés à 100 florins d'amende. »

A partir de la prohibition de 1579, la terre perdit la puissance de communiquer la nobilité.

« Aujourd'hui même, » dit M. de Sémainville, « pour » prendre ou revendiquer un titre attaché à une terre, il » faut prouver que vous ou votre ascendant, dont vous avez » hérité, étiez noble; c'est ce qu'il résulte d'un arrêt de la » Cour Impériale d'Agen, en date du 28 décembre 1857. »

peine corporelle aux roturiers qui s'arrogeaient la qualité d'écuyer. L'Édit de mars 1583 confirma les précédents.

Une déclaration du 30 août 1631 interdisait à ceux qui n'étaient pas gen- tilshommes de s'attribuer la qualité d'écuyer.

Enfin, en vertu de la déclaration du 8 décembre 1699, nul ne devait, sous peine d'une amende de 50 florins, s'attribuer les titres de marquis, comte ou baron, attachés au fief, s'il était tenu par des roturiers. Les nobles mêmes ne pouvaient point prendre des titres dont leurs seigneuries n'étaient pas décorées.

Malgré tout mon respect pour les décisions de la justice, je me permettrai d'observer que les arrêts invoqués par la partie adverse, n'ont pas reçu la sanction publique. Celui, entre autres, rendu dans l'affaire du duc de Crussol d'Uzès, contre les des Espesse, a été ainsi apprécié par M. le baron de Coston :

A défaut de texte de loi, la jurisprudence, et notamment un arrêt de la Cour de cassation du 16 mars 1841, ont admis un laps de temps exceptionnel en matière de prescription de nom et d'armoiries. Il faut une possession centenaire, et encore est-il nécessaire que cette possession résulte d'actes publics, et non pas d'actes privés passés dans le sein des familles, en dehors de toute notoriété et de toute publicité. En effet, une famille peut ignorer pendant plus d'un demi-siècle que son nom a été usurpé, dans une province éloignée où elle n'a aucune espèce de relation.

On peut donc s'étonner de ce que la Cour de Riom ne s'est pas conformée à ces principes dans un arrêt récent (1), rendu à propos du procès intenté par le duc d'Uzès à la famille de Courcelles des Espesse. . . . . . . . . . . . . . . . . . . . . . . . . . .

M. Emmanuel de Crussol, duc d'Uzès, ayant appris, il y a peu de temps, qu'une famille établie en Auvergne, avait pris son nom, voulut s'opposer à cette usurpation, et lui intenta un procès.

Il résulte des recherches faites à propos de cette instance, que les pseudo-Crussol, ont pour premier auteur connu,

(1) *Gazette des Tribunaux,* du 19 janvier 1865.

Philippe de Courcelles, seigneur de Saint-Remy, qui habitait le Languèdoc vers 1500. Jusqu'en 1700, le nom de ses descendants oscilla entre Courcelles, Coursules, Courseulle et Cursule, suivi de celui de Saint-Remy, et, plus tard, de des Espesse. Vers 1700, une branche de cette famille se fixa à Saint-Flour, et son nom s'altéra pour devenir Croussolles, Crouzole, Croussule, Crusolle, Crousol, Croussoles, Crussoles et enfin Crussol, vers 1760, suivi souvent du nom de des Espesse. De 1791 à 1815, cette famille ne prit que celui de Desespece ou Despesse; en 1815, elle revint à celui de Crussol Desespesse; mais le chef, quit était huissier à Saint-Flour, signait ses exploits (qui ne valaient pas ceux des ducs d'Uzès) Desespesse, et ne prenait le nom de Crussol, que dans les actes de l'État-civil.

Malgré une usurpation de nom aussi clairement établie, malgré une série d'actes démontrant qu'il n'y avait aucune origine commune entre les deux familles, qui ne descendait pas plus l'une de l'autre, qu'Alfana ne dérive d'Équus (V. le ch. VII); malgré l'insufisance du temps exigé pour la prescription, si l'on déduit les vingt-quatre ans (de 1791 à 1815) pendant lesquels elle a été suspendue, malgré la jurisprudence constante d'après laquelle, en matière de rectification de nom, on doit remonter à la forme primitive, type primordial qui peut seul servir à redresser les erreurs commises; la Cour de Riom a décidé que la bonne foi des défendeurs (y-a-t-il bonne foi quand on continue à porter un nom qu'on sait avoir été usurpé par ses auteurs?) ne devait pas être assimilé à une usurpation effrontée, et elle leur a maintenu le nom de (de Crussol des Espesse), qui ne pourra pas être scindé ou divisé, ce qui rendra impossible, ajoute-t-elle, toute confusion entre les deux familles.

Les magistrats qui ont rendu cet arrêt auraient dû remarquer qu'en obligeant les défendeurs à reprendre leur vrai nom, toute confusion devenait impossible, tandis que l'injonction qui leur est faite de ne pas scinder leurs deux noms est à peu près illusoire, et il dépend en quelque sorte de leur bon plaisir de ne pas l'exécuter. M. le duc d'Uzès faisait

observer, avec raison, que ses adversaires s'appelant des
Espesse, avant d'avoir pris le nom de Crussol, auraient dû
être contraints, par arrêt de la Cour, à s'appeler des Espesse
de Crussol (1).

Notre espèce n'a aucune analogie avec la précédente ;
les *Courcelles*, dont le nom, sous l'action des temps était
devenu *Crussol*, insistaient pour le maintien du nom patronymique, tandis que MM. de Treil réclament du Tribunal le droit d'abandonner le leur et de prendre celui
d'autrui ; ce qui est, je ne crains pas de le dire, scanda-
leux.


## XVI


### DEUX CONSEILS EN FINISSANT A MM. TREIL.


M. Louis-Charles-Arthur de Treil (2) reconnaît, dans
ses conclusions, que la noblesse d'extraction était nécessaire pour prendre un titre de baron (alors qu'il existait,
bien entendu), je crois lui avoir démontré irrévoca-
blement que ses ancêtres, au lieu d'être gentilshommes
en 1392, étaient tous roturiers pendant, avant et après

(1) *Origine, Étymologie et signification des noms propres et armoiries*,
par le baron de Coston. — Paris, Auguste Aubry, 1867 ; grand in-8°, pages
49, 50 et 51.

(2) Je dois cependant des félicitations à M. Louis-Charles-Arthur de Treil,
qui, dans ses conclusisons, a une fois déplacé le titre de baron pour le
mettre devant le nom de Treil, au préjudice de celui de Pardailhan, chose
que la famille n'avait jamais pratiquée avant lui. C'est la lecture du Mémoire
qui paraît avoir déterminé cette modification prudente, car si le nom de
Pardailhan venait à tomber, il entraînerait dans sa chute la qualité qui le
précède immédiatement ; en la faisant reculer devant le nom de Treil, on la
met en lieu de sûreté.

l'acquisition de la terre de Pardailhan. On se souvient, en effet, qu'Antoine Treil, en exploitant comme locataire quelques champs du vicomte de Thézan, commença la prospérité de sa maison. Joseph Treil la continua en se faisant tour à tour fermier, marchand, banquier; François, l'acheteur de la prétendue baronnie de Pardailhan, pourvu d'un office de robinage, ne put jamais être qu'un tiers d'anobli. Thomas-François, fils aîné du précédent, conquit une portion égale dans le métier des armes. Ces deux fractions nobiliaires ne purent jamais être complétées, par suite de la révolution. D'ailleurs, cette noblesse graduelle, même entière, n'était jamais celle de race requise pour l'appropriation du rang de baron. L'incapacité des Treil eût persisté au bout de trois générations, car la vilenie primitive ne devait jamais poindre; et la leur n'était pas facile à cacher

Maintenant que les rayons de la vérité ont fait fondre les illusions nobiliaires de MM. de Treil et fait rouler du sommet des ages en pleine roture leur prétendue origine féodale, leur devoir est de se résigner à ce point de départ, peu lointain mais très bourgeois, et de racheter leur aveuglement par un sublime effort. Ils le peuvent en imitant la loyale renonciation d'Antoine-Alexandre de Colbert au nom illégitime de Sourdis.

### Copie d'un billet d'honneur, concernant le nom de Sourdis

Je soussigné, Antoine-Alexandre Colbert de Sourdis, sur le procès que René-Louis Descoubleau, seigneur et marquis de Sourdis, était sur le point de me faire, pour raison et à cause du nom de Sourdis que je porte, reconnois que ce n'est

que par pure tolérance de la part dudit sieur Marquis de
Sourdis, que j'ai porté et porte ledit nom de Sourdis, et que
je n'ai aucun droit de le porter : au moyen de quoi je pro-
mets, parole d'honneur à mondit sieur marquis de Sourdis,
et à tous autres de sa famille, de quitter ledit nom de Sourdis le jour même que je me marierai, pour ne plus le porter
dorénavant, en sorte que moi, mes enfants et descendants ne
pourront prendre, signer ni porter ledit nom de Sourdis, en
aucun cas, pour quelque cause, et sous quelque prétexte que
ce soit ou puisse être, nonobstant toutes choses généralement à ce contraires; ce qui a été aussi reconnu, attesté
et promis par moi, soussigné, François Colbert de Chaban-
nois, tant pour mon frère que pour moi et mes descendants;
nous soumettons réciproquement, pour la clause du présent
billet, à la juridiction de nos seigneurs les maréchaux de
France : En foi de quoi nous signons, à Paris, ce vingt-cinq
mars mil huit cent trente-six(1) .

> Signé : Colbert de Sourdis et
>
> Colbert de Chabannois.

MM. de Treil ne refuseront pas de suivre cet excellent
exemple. Ils déposeront les titres et les noms de la maison
de Pardailhan dans les mains de leur véritable et unique
propriétaire. Le mérite d'Antoine-Alexandre Colbert de
Sourdis sera moins grand que le leur, car en restituant
le dernier nom, il gardait le premier, c'est-à-dire *Colbert* passablement glorieux. Sa disgrâce était donc petite,
tandis que nos adversaires, en se dépouillant du nom de
Pardailhan, seront réduits à celui de *Treil,* qui n'est
peut-être pas l'équivalent de *Colbert;* tant mieux, l'acte
de leur sacrifice sera plus héroïque et plus beau devant
Dieu et devant les hommes.

(1) Pièce imprimée, communiquée par M. Denis de Thézan.

Je viens d'opérer pour moi et non pour autrui ; pas n'est besoin, en conséquence, de conclusions A leur place, je vais mettre un deuxième conseil à l'adresse des pseudo-Pardailhan. Je les invite à me laisser en paix, s'ils ne veulent pas que je rouvre mon sac aux provisions généalogiques et juridiques, qui pourrait bien être à double fonds et devenir un sac à malices.

Condom (Gers), ce 3 décembre 1868.

**J. NOULENS,**

DIRECTEUR DE LA REVUE D'AQUITAINE.

# QUESTIONS

## TRAITÉES DANS CE MÉMOIRE

Pages.



Bordeaux. — Imprimerie centrale de Vᵉ Lanefranque et fils.